河北省教育厅基础研究重点培育项目：研发加计扣除政策对制造业企业双元创新效应检验（JCZX2023022）

政府激励对制造业企业双元创新的影响研究

高硕　朱碧莹　宋凤轩　著

河北大学出版社
·保定·

出 版 人：刘相美
责任编辑：赵　麟
装帧设计：赵　谦
责任校对：耿兆飞
责任印制：常　凯

图书在版编目（CIP）数据

政府激励对制造业企业双元创新的影响研究 / 高硕，朱碧莹，宋凤轩著．-- 保定 ：河北大学出版社，2024．12．
ISBN 978-7-5666-2562-5

Ⅰ．F426.4

中国国家版本馆 CIP 数据核字第 2025RY3921 号

政府激励对制造业企业双元创新的影响研究
ZHENGFU JILI DU ZHIZAOYE QIYE SHUANGYUAN CHUANGXIN DE YINGXIANG YANJIU

出版发行：河北大学出版社
地址：河北省保定市七一东路2666号　邮编：071000
电话：0312-5073003　0312-5073029
网址：www.hbdxcbs.com
邮箱：hbdxcbs818@163.com
印　　刷：保定市正大印刷有限公司
幅面尺寸：170 mm × 240 mm
字　　数：180千字
印　　张：13.25
版　　次：2024年12月第1版
印　　次：2024年12月第1次印刷
书　　号：ISBN 978-7-5666-2562-5
定　　价：65.00 元

前　言

在新时代发展的背景下，科技创新在经济建设过程中所发挥的引领作用越来越大。习近平总书记在党的第二十次全国代表大会中指出，要坚持创新在我国现代化建设全局中的核心地位，加快实施创新驱动发展战略，加快实现高水平科技自立自强，加快建设科技强国。制造业作为国民经济的物质基础和产业主体，是国家科技水平和综合实力的重要体现，具有企业技术密集、系统成套复杂、创新难度较大、技术创新壁垒严重和风险高等突出特点。因此，实行创新驱动转型，实现高质量发展成为制造业企业发展的当务之急，而制造业企业的研发创新离不开国家政策的支持。政府激励策略作为我国政府对市场经济体制采取的主要调控手段，对制造业技术创新有重要的激励作用。基于此，为了实现“中国制造”由大变强，利用好政府激励策略来促进制造业企业研发创新，提高政府对制造业企业技术创新的激励效率，是新发展阶段科技创新的主攻方向，也是保障顺利落实创新驱动发展战略的关键基础。

双元性组织理论认为制造业企业创新涵盖了利用式创新和探索式创新。政府激励策略作为一种政府调控工具，能够发挥较强的企业优质信号传递作用，可以对制造业企业的双元创新施加不同的影响效应。而对于不同性质的制造业企业，政府激励对于不同融资约束、预期收益、产学研合作背景下的制造业企业双元创新影响也是不同的。因此，基于国内外的相关研究文献以及双元性组织理论、政府工具理论、信号理论、协同创新理论、企业优序融资理论等相关理论基础，本书选取2010年至2022年间CSMAR数据库内中国上海证券交易所、深圳证券交易所的A股上市制造业企业作为研究样本，重点探究政府激励对制造业企业双元创新影响效应及作用机制，具体实证如下：以上市制造业企业面板数据为研究数据，通过建立双向固定效应模型、2SLS 模型、GMM 动态模型、逐步回归检验等方法，验证了政府补贴和研发加计扣除政策对于制造业企业双元创新有着显著的促进作用，相较于利用式创新，研发加计扣除政策和政府补贴均对探索式创新具有更显著的激励作用。

因为这种促进影响并非简单的线性正相关关系，所以通过双门槛回归检验研发加计扣除政策和政府补贴对制造业企业双元创新之间的非线性关系，即相对于低融资约束制造业企业，研发加计扣除政策可以更显著地促进高融资约束制造业企业探索式创新，政府补贴可以更显著地促进高融资约束制造业企业利用式创新和探索式创新；相对于高年龄组制造业企业，研发加计扣除政策可以更显著地促进低年龄组制造业企业探索式创新和利用式创新，即相对于低年龄组制造业企业，政府补贴可以更显著地促进高年龄组制造业企业利用式创新和探索式创新。两种政府激励策略对于制造业企业双元创新的促进作用存在差异，因此采用似不相关回归模型发现相较于政府补贴，研发加计扣除政策对制造业企业双元创新的促进作用更大。

同时，双向固定效应模型检验了政府激励对于上市制造业企业双元创新的异质性影响，发现企业产权、企业所属区域、企业生命周期、企业技术类型、企业要素密集度等因素均会影响政策的激励效果。此外，结合目前中国制造业的特殊情景：企业融资约束、预期收益已然成为制约其发展和升级的重要障碍，产学研合作成为推动企业创新的趋势。本书重点探讨融资约束、预期收益、产学研合作等因素对政府激励引导制造业企业进行双元创新活动的影响机制，得出结论：第一，融资约束在研发加计扣除政策和政府补贴对制造业企业双元创新的促进作用中起到显著的传导机制作用；第二，预期收益在研发加计扣除政策对制造业企业利用式创新的促进作用中起到显著的传导机制作用，在研发加计扣除政策对制造业企业探索式创新中没有显著的促进作用，预期收益在政府补贴对制造业企业双元创新的促进作用中起到显著的传导机制作用；第三，产学研合作在研发加计扣除政策和政府补贴对制造业企业双元创新的促进作用中起到显著的传导机制作用。根据管理者技术背景、行业竞争水平和经济不确定性，分组比较传导效应在研发加计扣除政策对制造业企业双元创新的促进作用和政府补贴对制造业企业双元创新的促进作用的差异。

本书仍存在一定的进步空间，如在数据使用方面，本书采用 CSMAR 数据库内 2010 年至 2022 年间中国上海证券交易所、深圳证券交易所的 A 股上市制造业企业作为初始样本。虽然样本量已经较大、具有一定的代表性，但是在时效性和规模量上，仍有较大的提升空间；在对策建议方面，对于研发加计扣除政策和政府补贴在执行过程中对不同类型企业双元创新的促进作用以及遇到的挑战等问题的了解不够深入具体，因此在后续研究工作中要对以上问题继续深入调查研究，提出更加细化、落地有针对性的对策建议；在影响机制方面，本书深入研究了制造业企业的融资约束、预期收益、产学研合作在政府激励策略对制造业企业双元创新影响机制中发挥的作用，但仍可进一步细化这些因素的交互作用。

政府激励策略是国家治理的重要工具，制造业是国家经济的支柱产业，双元创新是制造业企业实现高质量发展的重要方式，将这三方面串联起来研究具有重要的现实指导意义。本书全面考量了政府激励的具体情况和独特性质，并考虑到创新并非是同质性的，从普适型激励政策（研发加计扣除政策）、自由裁量型政策（政府补贴）两个方面构建起政府激励促进制造业企业利用式创新和探索式创新的系统框架，拓展出对双元创新前因变量的分析视角，为执行创新战略和推动经济的高质量发展提供实证方面的参考，丰富有关政府激励所发挥的影响作用研究。此外，本书还以信号理论为切入点，深入研究政府激励策略是如何通过缓解制造业企业融资约束、调整制造业企业预期收益、倡导产学研合作等传导机制来促进制造业企业双元创新的，为探讨政府激励策略促进制造业企业双元创新的作用机制提供新的角度。

目　　录

第一章　绪论

第一节　研究背景与问题提出

一、研究背景

随着我国供给侧结构性改革持续推进，新能源、光伏、人工智能、高铁等多个重点产业已跻身全球顶端，我国已成为世界上具有重要影响力的国家之一。中国品牌不断走向世界，中国制造业企业竞争力持续提升，中国制造业大国地位进一步巩固。国家统计局数据表明，2022 年全国工业增加值达到 40.2 万亿元，占 GDP 比重达到 33.2%。2022 年中国制造业增加值达到 33.5 万亿元，制造业增加值占 GDP 比重为 27.7%，65 家制造业企业入围 2022 年世界 500 强企业榜单。自 2010 年以来，中国制造业规模连续 13 年居世界首位。中国制造业已成为世界产业体系最完备、门类最齐全、产业链配套能力最强的行业，具有巨大的发展潜力和强大的市场韧性。

但当前我国制造业的技术研发创新，尤其是关键核心技术，仍受制于国外技术垄断和限制，制造业面临自主创新能力不强、创新动力不足、核心技术“卡脖子”等挑战，尚未从根本上解决制造业存在产品附加值不高、产业结构有待完善、污染严重等问题，过去主要以劳动密集型为主的传统制造业逐渐失去竞争优势。为应对愈发紧迫的国内外环境，制造业发展的当务之急是实行创新驱动转型，实现高质量发展。

制造业的核心就是创新，坚持创新发展理念，以创新能力为驱动，助推制造业高质量发展是实现我国制造业从世界产业链上跃升、由“中国制造”转变为“中国创造”的重要阶梯。在2035年远景目标纲要和“十四五”规划中，创新被摆在现代化建设全局中的核心地位，强调创新驱动发展战略，凸显科技自立自强对国家发展的重要作用。纲要指出，积极推动各类创新要素汇集到企业，明确企业在创新中所发挥的主导作用，构建以市场作导向、企业当主体、产学研深度融合的研发创新体系。制造业作为国民经济的支柱产业，是国家综合国力、创造力、竞争力的重要体现，涵盖国民经济发展的方方面面，其稳步发展是国家经济高质量发展的重要保障。这意味着制造业研发创新任务的紧迫性与艰巨性，培育新动能推动制造业高质量发展迫在眉睫。第十四届全国人民代表大会指出，“充分发挥创新主导作用，以科技创新推动产业创新，加快推进新型工业化，实施制造业技术改造升级工程。”企业应以颠覆性、关键性、前沿性的研发创新作为技术变革的突破口，发挥出研发创新的自主性，掌握和占据在技术创新中的引领地位。企业创新按模式可细分为利用式创新和探索式创新：利用式创新具有渐进性、较小幅度、低风险的特点；探索式创新具有颠覆性、较大幅度、高风险的特点。两种创新模式虽然在特征上存在较大区别，但都需要稳定且持续的资金保障其研发活动的正常运行。

鉴于制造业企业有技术密集、系统成套复杂、创新难度较大、技术创新壁垒严重和风险高等突出特点，稳定多元的政府激励策略对于制造业企业的技术创新来说尤为重要。面临内外局势的新变化，制造业企业创新发展的道路面临许多挑战。为解决资源约束下技术市场环境的非连续创新的难题，我国政府也在不断加大财税等政策的支持力度，同时提升企业挖掘潜在未知知识与利用现有知识的双元创新水平。习近平总书记不断强调，应把实体经济摆在发展的重要地位。我国政府颁布多项以税收优惠、政府补贴为主的政府激励措施，以此提升企业研发创新水平，释放企业创新的活力。政府的激励措施主要有两种方式：第一，税收优惠是政府激励企业研发创新所采用的政府激励工具，通过在企业创新环节给予税收抵扣的方式激励企业持续进行技术变革，能够激励企业加大研发投入，提升企业创新产出水平，具有事后激励、间接扶持的特点。第二，政府补贴是政府通过给予企业资金来支持企业渡过资金短缺阶段的政府激励工具，能够有效弥补企业正外部性经济损失，直接降低企业研发成本，同时向市场释放优质企业信号，在一定程度上缓解企业外部融资约束压力，进一步扩大企业技术创新投入规模，激发企业研发创新活力。根据2023年政府工作报告可知，2022年全年，我国新增减税降费及退税缓税缓费超过4.2万亿元，其中制造业企业收益较其他行业处于领先地位，制造业企业新增减税降费及退税缓税缓费近1.5万亿元，占比约为35%。早在2021年的政府工作报告中就提出，要将制造业企业研发加计扣除政策比例由75%提高到100%，可见制造业企业创新发展受到国家的大力重视。

政府通过研发加计扣除政策和政府补贴两种手段来激励制造业企业加大研发创新投入和提高创新产出效率，进一步巩固制造业企业在创新环节中的主体地位。政府激励策略还能够帮助企业有效应对市场失灵问题，提升企业创新的自主性。一是政府的资助和支持能够引导企业将研发资源投入周期较长的创新项目中，实现企业创新收益与市场、社会的统一发展。二是政府激励策略能够分担企业研发风险，降低不确定性，减少外部融资约束压力，降低研发环节创新成本，实现创新资源配置的最优化，提升核心技术研发转化率。

二、问题提出

以研发加计扣除政策和政府补贴为主的政府激励手段，在配置社会创新资源、应对市场失灵问题、促进企业研发创新等方面发挥了不可或缺的作用。研发加计扣除政策和政府补贴等政府激励手段对企业发展影响的研究始终是学术界和企业家的重点研究课题。鉴于制造业企业存在技术密集、系统成套复杂、创新难度较大、技术创新壁垒严重和风险高等突出特点，稳定多元的政府激励策略对于制造业企业的创新来说尤为重要。从具体制造业企业层面来探究政府激励策略的影响效应和机理，对于提高政府政策实施的精准性具有重要意义。

制造业企业是否具有较强的创新能力日益成为判断企业生存能力的决定性要素。政府如果只强调企业的利用式创新或探索式创新，并不能推动企业创新变革，只有两者兼顾才能更好地助力企业提升环境适应能力，才能助力制造业企业提升已有知识技术水平并改进当前产品与服务，促进利用式创新发展，减轻企业突破现有技术的后顾之忧，并能依托全新的技术平台发展新的产品或者服务，颠覆行业原有运行准则与竞争环境以适应潜在消费者或者市场，进而促进企业创新发展。因此，平衡两种创新模式成为制造业企业在短期获益的基础上能够可持续发展的必施之策。利用式创新主要是可以更好地帮助企业满足现有市场的需要，在现有知识与技术、产品种类与功能的基础上进行整合改造；探索式创新则是通过研发新知识、新技术，生产新产品进而更好地满足新的市场需要。国际创新环境不断变化，中国制造业需要摆脱侧重于利用式创新而轻视探索式创新的局面，继续在深化利用式创新发展的基础上挖掘新颖知识，大力开展探索式创新项目，走自主研发创新的道路。由此，不同的政府激励手段对制造业企业利用式创新和探索式创新影响如何？其影响路径是怎样的？这些问题值得深入思考。本书聚焦政府对制造业企业的相关补贴政策、研发加计扣除政策，通过规范研究和实证检验相结合的方法来探究研发加计扣除政策和政府补贴两种政府激励手段对制造业企业双元创新的影响效应及作用机制，对于提高政府激励策略实施的精准性，以及为企业规划和调整双元创新战略以有效应对各种风险挑战提供政策参考和现实依据。

第二节　研究意义

一、理论意义

企业创新发展与政府激励策略的研究是当今学术界和企业界的热门课题，众多研究者对政府激励促进企业创新的影响效应进行了论证研究，得出了宝贵的研究经验。基于前人的研究，本书以制造业企业为核心，探究政府激励对制造业企业双元创新的影响效应、异质性影响和影响机理，构建政府激励对制造业企业双元创新的理论分析框架，有利于规范政府激励推动企业创新的实证研究，进一步拓宽关于政府激励与企业创新的研究视角，为研究政府激励提升以及对其他行业的研发创新水平提供一定的借鉴意义。

1. 对制造业企业双元创新的相关理论研究进行扩展。关于双元创新的研究如今尚未成熟，学者们目前对政府工具助推制造业企业双元创新的影响研究还处于发展阶段。本书基于双元性组织理论、政府工具理论、信号理论、协同创新理论、企业优序融资理论等来研究政府激励对制造业企业双元创新的影响，拓宽了双元创新的研究视角。本书关于双元创新领域的研究，弥补了以往普遍侧重研究探索式创新、相对轻视研究利用式创新的不足。

2. 深化政府激励，促进企业创新的相关研究。本书以研发加计扣除政策和政府补贴两种政府激励策略为研究对象，深入探讨在不同产权异质性、区域特征异质性、生命周期异质性、技术类型异质性、要素密集度异质性下，政府激励对制造业企业双元创新的差异化影响效应；同时在相关理论的基础上，以融资约束、预期收益、产学研合作为视角，研究政府激励影响制造业企业双元创新的作用机制。

二、现实意义

从政府激励角度来看，本书对促进制造业企业双元创新的政府激励策略进行深入研究，对政府构建和设计制度策略来激励制造业企业研发创新提供重要参考，顺应国家大力提倡推动制造业发展的号召。从制造业企业角度来看，本书对制造业企业双元创新的政府激励策略深入研究，能够帮助企业适时地根据自身发展情况来调整创新战略，以期精准把握政策导向，从而获得更直接有效的政府激励支持，积极帮助制造业企业应对市场不确定性所带来的挑战。

1. 精细化政府激励策略有利于推动制造业企业双元创新发展。本书从不同产权性质、所属区域、生命周期、高新技术属性、要素密集度等角度出发，深化研究政府激励对制造业企业双元创新的差异化影响，针对不同的制造业企业，提出实施差异化的政府激励策略，提高政府激励的精准性，引导制造业企业技术创新向更高层次发展。

2. 对政府激励策略的具体手段进行深入研究对于国家科技创新体系的完善有着重要现实意义，能够有效推进和落实创新驱动发展模式的形成。基于企业创新具有外部性、创新收益具有不确定性、创新供给容易出现市场失灵等情况，企业创新往往受到严重阻碍，进而不利于实现企业经济的高质量发展。政府激励可以积极引导和鼓励企业进行研发创新，优化创新资源配置，弥补市场创新供应不足的缺陷，激发企业创新活力。因此深入探究政府激励的具体手段对于提高国家整体创新能力有着深远的实际意义。

3. 将政府激励与制造业企业创新串联起来研究，有利于引导企业与政府之间平稳有序地合作与发展，有助于规范企业的管理模式、经营行为以及发展路径，更有利于完善政府的制度安排和创新激励体系。两者串联研究对于解决现行政府激励对于企业激励方面存在的监督机制不完善、激励体系不健全、激励方式与目标对象不匹配等问题，具有现实指导意义。

第三节 文献综述

一、政府激励相关研究

王乔认为，政府激励通过提供补贴或奖励、减免税收、制定相关政策或法规等方式，鼓励和引导企业进行创新和投资，在当前经济环境中发挥着至关重要的作用。政府激励着眼于宏观干预与弥补市场失灵，具有典型的工具性特征。政府激励涉及的点多面广，法律层次高低不一，政策工具自由度相对较大，政策目标综合和多元，包括稳定物价、促进经济增长、合理分配收入、合理配置资源、提高社会生活质量等。根据 MITROSHIN 的研究，发现政府激励的实施具有特殊性，主要在竞争政策受限或市场失灵领域发挥作用。中国能够步入创新型国家行列，很大程度上受益于政府激励对企业研发创新的助推作用。然而，许楠指出当前的政府激励过于依赖税收减免这一政府工具，实施的政府激励手段多数是具有普惠性的，缺少政府激励工具组合来针对不同阶段企业进行精准性激励。

在各国政府对技术创新高度重视的背景下，众多学者纷纷将注意力投向了能够影响企业创新的政府激励研究。其中，张杰将中央与地方政府施行的政府激励策略按照模式划分为以税收减免为主的间接型政府激励和以补贴奖励为主的直接型政府激励两类。以税收减免为主的间接型政府激励，企业研发加计扣除政策、企业所得税优惠以及高新技术企业认定等政策比较具有代表性。以补贴奖励为主的直接型政府激励，主要包括中央、地政府给予的各项企业补贴和资金奖励，专利申请以及创新人才引进奖励政策等。梁彤缨等通过研究认为，我国鼓励企业加大研发投入，助推企业创新水平提高的政府激励手段主要包括研发加计扣除政策和政府补贴等。研发加计扣除政策通过减少技术创新环节的成本来间接地提高企业创新盈利水平，属于事后优惠的支持手段，企业获得税收优惠的多少取决于企业实际产生的研发费用，不取决于特定项目。政府补贴是对满足特定要求的企业或者特定创新项目给予资金支持，属于事前支持手段，能够有效缓解企业融资约束，降低企业创新不确定性所带来的风险。刘钻扩等指出，研发加计扣除政策和政府补贴两种政府激励手段的实施，旨在服务于实现特定经济和社会发展等多种政策目标。研发加计扣除政策是通过替代效应和产量效应来提高企业创新主动性的，政府补贴主要是通过导向作用和乘数效应来提高企业研发主动性的。两者各有利弊，彼此存在替代性，因此两种政府激励手段需要互相搭配施行。PARK 指出政府激励是具有明确指向性和战略性的，因某个具体目标实施的不同进行具体选择的财税手段。从工具类型上看，政府激励工具可分为收入政府激励工具和支出政府激励工具。前者具有代表性的政策是研发加计扣除政策，后者具有代表性的政策是政府补贴。BINIC 将政府激励途径分为直接激励和间接激励两种，前者是政府直接以资金补贴的方式提供给企业，后者是通过税收减免等优惠方式，降低企业的资金压力。冯明认为应将政府激励作为宏观调控的重要组成部分，在特定的宏观经济环境中发挥作用。政府激励中减税、降费、缓税缓费是首要的激励工具，政府激励工具中还包括对企业创新阶段性政府补贴，加大对企业研发产业链体系的资金支持。胡慧芳和欧忠辉在研究政府激励作用机理时指出，政府补贴和研发加计扣除政策是政府促进企业有效配置资源，鼓励企业从事研发创新活动的重要政策激励工具。不管是直接给予资金支持，还是通过减少应纳税额，都是在充实企业现金流，在一定程度上缓冲研发投入带来的资金压力，弥补资金缺口，降低研发成本，提升企业的内源融资能力。

综上，政府激励在企业技术创新过程中采取的手段主要有直接激励手段与间接激励手段两类。政府的直接激励手段主要指通过政府补贴、共享技术、输送人才等措施帮助企业提高研发能力，而间接激励手段是以税收优惠、财政贴息等措施助力企业进行技术创新。

二、双元创新相关研究

1. 双元创新内涵

1976 年 Duncan 首次提出“双元”这一概念，指出为有效应对复杂多变的外界环境，组织应兼顾好利用式活动和探索式活动，注重两种活动之间的平衡。双元概念多数情况被应用于组织设计、知识管理、组织学习等领域中。随后，March 于 1991 年将“双元”概念扩展到组织学习领域，将组织行为划分为探索式行为和利用式行为。探索式行为需要组织学习和掌握不同于日常使用的新知识，其收益具有高延迟性和不确定性；而利用式行为则是对已掌握的知识和技术开展深层的研究探讨，其收益具有及时性和确定性。在 2002 年，Danneels 将以上概念引入到研发创新领域，将产品根据技术能力的差别划分为利用式和探索式，前者在原有的客户和技术基础上实现，在短期里能够获得明确的收益；后者需要挖掘新的客户或者技术，收益具有不确定性且周期较长。随后，He 和 Wong 将“探索”和“利用”这一双元概念引入到企业研发创新研究领域中。杨东等以企业组织双元为视角，研究发现：探索式创新在前期需要投入大量资源，具有高风险性，过程较复杂，后期收益具有不确定性和滞后性；利用式创新具有收益确定性和及时性。利用式创新为企业带来的现有收益可以为探索式创新提供经济保障，而探索式创新取得的成果可以为利用式创新提供动力。由此根据以上文献对双元创新内涵进行区分界定，从创新目标、创新形式、收益特点、组织架构等几个方面进行描述，如表 1-1 所示。

表 1-1　双元创新内涵界定

双元创新	利用式创新	探索式创新
创新基础	根据已有知识进行创新	根据新掌握知识进行创新
创新目标	为了满足已有客户群体和已占有市场的需求	为了抢占新兴客户的市场，扩大市场规模
创新形式	采用逐步式创新，升级当前的产品设计、提升当前的技术和服务水平、开拓更多的产品、提高销售效率	创新形式较为剧烈，研发全新的设计、开发新的市场、探索销售渠道

续表

双元创新	利用式创新	探索式创新
收益特点	收益等待期限较短，适用追求短期收益，风险性较低	收益等待期限较长，风险性较大，但收益时间长
文化特点	短期收益，谨慎稳健	勇于创新，承担风险
组织架构	固定化、统一化、标准化	分权化、灵活化、半标准化

资料来源：根据 Duncan（1976）、March（1991）、Danneels（2002）、He 和 Wong（2004）、杨东和陈朝等（2023）等相关文献整理所得。

2. 双元创新测度方法

当前关于企业双元创新测度的主流方法主要有以下 5 种，如表 1-2 所示。（1）杨林、刘振杰、杨东都借鉴徐宁关于双元创新的测度方式，将实用新型与外观设计专利之和用来测量利用式创新，而技术含量最高的发明专利数用来表示探索式创新。（2）肖翔和杨毅借鉴毕晓方的会计核算方法测量双元创新的测度方法，开发式创新用企业开发资本化支出度量，探索式创新用企业创新费用化支出衡量。（3）谭曼庆根据发明专利申请的 IPC 分类号来衡量探索式与利用式创新。（4）冯文娜和王象路借鉴 Soetanto 和 Jack 等开发的六题项量表，利用式创新的示例题项为“企业尝试增加和改进现有产品的功能”，探索式创新的示例题项为“企业不断尝试开发全新的产品”。（5）张川和刘杰借鉴 Chen 等的方法，以国际专利分类号（IPC）的前 4 位（IPC 前 4 位代表某一类技术领域）为基础，观察企业申请成功的某项专利所在技术领域是否与自身近 5 年来的技术领域有所不同，即企业当年申请成功专利的 IPC 分类号与前 4 年相同，则界定为渐进式创新，反之，则为颠覆式创新。本书实证研究借鉴了第一种方法，以发明专利数量的自然对数值来衡量探索式创新（Ti），以实用新型专利以及外观设计型专利的自然对数值来衡量利用式创新（Mi）。

表 1-2 探索式创新和利用式创新的测度

测度方法	测度内容
利用发明专利、实用新型专利以及外观设计型专利进行双元创新的度量	将技术含量最高的发明专利表示探索式创新，而实用新型与外观设计则可以用来测量利用式创新
会计核算方法	探索式创新用企业创新费用化支出衡量，开发式创新用企业开发资本化支出衡量
专利数据法	根据发明专利申请的 IPC 分类号来衡量探索式与利用式创新
调查问卷法（六题项量表）	探索式创新的示例题项为“企业不断尝试开发全新的产品”，利用式创新的示例题项为“企业尝试增加和改进现有产品的功能”
国际专利数据法	以国际专利分类号（IPC）的前 4 位（代表某一类技术领域）为基础，即企业当年申请成功专利的 IPC 分类号与前 4 年相同，则界定为渐进式创新，反之，则为颠覆式创新

资料来源：根据前文相关文献整理所得。

3. 双元创新影响的研究方法

关于双元创新影响的定量研究多以实证研究为主，且文献相对丰富。其中比较有代表性的研究方法包括：刘振杰和胡国强鉴于因变量是非连续数值，使用 Order logit 模型进行回归检验。杨东等、奚雷等考虑到需要检验中介效应和调节效应，所以采用研究结论相对可靠的多元线性回归检验，并选用 SPSS23.0 对数据进行处理。张完定和崔承杰通过 Stata16.0 对收集的数据利用 Pearson 相关系数检验法进行相关性分析，采用固定效应模型进行层次回归，并在此基础上加入解释变量和调节效应模型进行基准效应回归。梁宗正等为准确反映中国 IT 行业中的校企战略科技合作、产业双元创新和行业高质量发展的关系，构建有调节的中介效应模型。肖翔和李珍珠借鉴温忠麟等检验中介效应的三步法回归模型。何涌和武姗姗参考张敏等使用的固定效应模型、调节效应模型和 Hansen 的门槛回归模型进行检验。王搏采用 Harman 单因子检验法对测量题项进行单因子分析。毛荐其等由于样本数据为非平衡面板数据，豪斯曼检验结果支持选择固定效应模型，时间效应检验支持选择控制时间效应的回归模型，故选择了双向固定效应模型实证检验相关理论假设。王钰和胡海青构建面板数据模型，采用普通最小二乘法 OLS 模型进行跨层分析检验，对回归标准误在企业和时间层面进行聚类调整，并控制年度和行业效应。程松松和刘鸿宇在回归分析基础上，进一步采用 fsQCA（模糊集定性比较分析）方法，对研究中所有变量与企业双元创新的复杂因果关系进行验证。闫佳祺等为了从时间发展和情景变换的视角剖析企业研发创新过程中的差异性和共性，以及进一步验证企业双元创新的机制路径，所以采用了对比式案例研究方法。董瑶等由于发现被解释变量利用式创新、探索式创新的均值均小于其标准差，具有过度离散的分布特征，符合负二项回归的适用范围，因此采用负二项回归模型，经 Hausman 检验，通过层级回归的方法进行假设验证，探究政府政策和双元创新之间的关系。方鑫和董静借鉴了 Demerjian 等的方法，构建了 DEA-Tobit 二阶段模型，其原因在于：第一，样本不受行业的限制；第二，指标的选取均来自财务报表，真实可靠；第三，Tobit 模型将企业总效率划分为企业效率和管理层能力，其模型估算的管理层能力（MA）更接近真实值。吴建祖和华欣意则采用模糊集定性比较分析方法，分析促进企业双元创新的影响因素。

三、政府激励对制造业企业双元创新影响的相关研究

政府激励策略可以通过缓解企业融资约束、提升企业预期收益，促进制造业企业双元创新，且效果显著。作为政府激励在制造业企业双元创新活动中最常用的政策工具，政府补贴与税收优惠往往互相配合，相机抉择使用，从微观层面直接影响制造业企业经营活动及效益。

1. 研发加计扣除政策对制造业企业双元创新影响的相关研究

研发加计扣除政策作为一项不断调整和完善的税收减免政策，越来越被国家和社会重视。目前该研究领域对研发加计扣除政策的剖析聚焦在政策对企业创新的影响机制、产权异质性、区域特征异质性，以及企业异质性影响效果的差异。当前研究主要集中在政策对一般企业的创新激励，较少针对制造业企业双元创新领域，但对关于加计扣除激励效应的研究结论具有一定可借鉴性。

（1）研发加计扣除政策对制造业企业双元创新的影响

由于研发加计扣除政策本身的复杂性和不确定性，其对制造业企业技术创新的影响尚未得出统一的结论。总体来看，研发加计扣除政策的影响效应分为激励效应、挤出效应和非线性效应三类。

第一，研发加计扣除政策对制造业企业双元创新具有激励效应。靳卫东等站在创新链的视角，运用干预效应模型和准自然实验等方法论证：随着研发加计扣除政策适用范围的逐渐扩大，制造业企业的创新投入规模和创新产出水平也会随之提高。刘行和赵健宇认为，研发加计扣除政策可以在一定程度上减轻制造业企业的整体税负，减少制造业企业进行研发创新时造成的损失，引导制造业企业加大对探索式创新的重视程度。而在研发加计扣除政策的激励下，制造业企业也会加大对利用式创新投入来追求更多的税收减免。张完定和崔承杰通过研究发现，研发加计扣除政策能够显著提升制造业企业双元创新绩效，并且经过内生性检验后，这一研究结论依然有效。杨国超和芮萌指出，研发加计扣除政策能够通过提高制造业企业人力资源储备，间接促进制造业企业双元创新水平的提升。

在探究研发加计扣除政策的政策激励效用时，鉴于制造业企业创新活动存在不确定性、持续时间长等特点，众多学者将制造业企业的创新过程分成创新投入和创新产出两个方面。一方面，研发加计扣除政策对企业创新投入的影响。由于研发加计扣除政策具有针对性较强的特点，众多学者采用多种实证方法验证出研发加计扣除政策可以帮助企业缓解研发资金压力，减少企业创新成本，增加企业创新投入。其中比较有代表性的研究包括：王婉婷和刘申雅应用双重差分的计量分析方法论证出，研发加计扣除政策可以有效帮助企业增加产品和技术的研发投入力度。彭华涛和吴瑶基于委托代理、优序融资和信号传递的理论，发现研发加计扣除政策可以显著提升企业的研发投入强度。王晓亮和梁丹阳通过构建双重差分模型，以研发加计扣除政策为准自然实验，论证得出研发费用加计扣除政策能够有效刺激企业的创新投入水平的结论。郑礼明等指出，研发加计扣除政策力度提升能显著增加企业劳动力中研究生占比，提高企业吸引创新人才的能力，促进企业加大研发投入力度，提高盈利水平和全要素生产率。姜玲和张小宁采用动态差分 GMM 模型和静态固定效应模型验证了研发加计扣除政策对企业增加创新投入强度的作用，研究发现，研发加计扣除政策对企业税额每减免 1%，当年度的企业研发创新经费投入就能增长 0.1873%，该政策对促进企业加大研发投入具有推动作用。

另一方面，研发加计扣除政策能够激励企业提高创新产出水平。在研发加计扣除政策对企业创新产出影响的相关研究领域里，多数学者普遍认为政策具有正向激励作用。比如，唐明和旷文雯运用中介效应检验方法验证出，研发加计扣除政策能够正向地激励企业创新产出水平。李汉江和赖智超对华润三九公司的研发投入现状进行定量分析，论证出研发加计扣除政策显著提升企业研发创新的意愿，对企业的经营绩效和财务绩效产生正向作用。贺康等首次以研发加计扣除政策的实施作为准自然实验，实证检验发现研发加计扣除政策提高了企业创新产出和创新效率水平。李彦龙和姬中洋基于 2003—2015 年高新技术上市企业面板数据，采用随机前沿模型和反事实计量方法论证出研发加计扣除政策提高了企业实际创新产出效率。

第二，研发加计扣除政策对制造业企业双元创新影响具有挤出效应。虽然多数学者认可政策对于企业创新的促进作用，但也有一些学者持相反观点，认为研发加计扣除政策在落实过程中容易受到内外部因素的制约，限制其对企业研发创新的激励效果。靳卫东等站在创新链的视角，运用干预效应模型和准自然实验等方法论证出，研发加计扣除政策适用的企业范围扩大反而不利于企业创新的激励，其原因是企业适用范围纳入了创新能力较差和创新意愿较低的企业。岳树民和肖春明采用双重差分法及中介效应模型验证了研发加计扣除政策对中小企业的创新发展具有显著的促进作用。吴秋生和李官辉运用双重差分法实证检验了研发加计扣除政策能够促进企业研发投入，但随着政策强度的提升会导致税收优惠可得性逐渐降低，进而使创新投入增长率降低，同时还验证了降低公司治理成本、宏观制度成本和经营管理成本可以有效缓解创新投入增长率的衰减。杨瑞平等通过 DID 和 OLS 检验方法研究发现，随着研发加计扣除政策力度的增强和政策的普惠，其政策效用反而有所减弱，比如 2018 年，研发加计扣除政策强化激励了企业创新投入增长的放缓，政策放宽使高新技术企业研发投入增长率慢于非高新技术企业，而随着企业盈利水平的降低，其结果更加显著。梁富山通过研究指出，研发加计扣除政策对制造业重点企业创新研发的当下投入水平起到抑制作用，对潜在投入水平起到正向激励作用。柳卸林等通过实证研究表明研发加计扣除政策对区域技术创新效率产生负向影响。李维安等通过引入新制度主义，以 292 家上市民营企业为样本，研究发现企业享受的所得税优惠政策在很大程度上成为这些企业规避税收的“税盾”，意味着企业在享受研发加计扣除政策的同时，不愿意承担更多的创新责任。韩风芹和陈亚平研究发现企业研发加计扣除政策确实使部分企业产生了政策迎合式投入行为。Thomson 指出，研发加计扣除政策是一种政府提供的事后激励措施，它通过税收优惠来减轻企业的税负，这种政策并不能直接增强企业在研究阶段的资金投入，因此它在推动企业加大研发创新力度方面的效果有一定的局限性。

第三，研发加计扣除政策对制造业企业双元创新影响具有非线性效应。郑烨和刘遥以国内 457 家科技中小型企业为研究对象，发现研发加计扣除政策对企业创新的影响呈显著倒 U 型。冯海红等研究发现，研发加计扣除政策存在“门槛限制”，在一定区间内，研发加计扣除政策对企业的研发投入呈显著的正向作用，门限值之外的激励效果微弱甚至呈现反向作用。冯泽等以“投入—产出—收益”的创新链全视角，通过实证研究得出结论：在企业研发投入阶段，研发加计扣除政策正向促进了企业的创新投入与规模提升；进入企业的创新成果产出环节，政策仅激励了创新产出规模的提升；而在企业创新获得收益的阶段，政策对企业创新收益水平与规模均有显著的激励作用。

(2) 研发加计扣除政策对制造业企业双元创新影响的异质性

当前关于研发加计扣除政策的异质性研究较为丰富，其异质性表现主要体现在政策对企业创新的激励效果因产权性质、企业经营情况、制度环境和企业生命周期等因素的不同而产生的较大差异。李源实证检验了研发加计扣除政策对民营制造业企业创新的促进效应及异质性分析，得出结论表明，研发加计扣除政策在民营企业创新投入、产出、绩效三个方面均能激励企业研发创新，但激励效果在技术构成、行业环境、企业规模、生命周期等方面存在异质性；在创新投入阶段，研发加计扣除政策对高新技术民营企业、非大型民营企业、成熟期民营企业的创新激励效应更显著；在创新产出阶段，研发加计扣除政策对非高新技术民营企业的创新激励效应更显著。李宜航等利用季度和年度两个维度上的差异构建断点—双重差分模型来研究研发加计扣除政策对制造业企业创新投入的叠加影响，研究发现研发加计扣除政策对不同企业的创新影响会受地区产业构成、企业经营状况、研发投入强度的不同而存在差异，政策有效提高了东部地区制造业企业创新投入水平和民营制造业企业的创新产出水平，但是对外资制造业企业、国有制造业企业和中西部地区制造业企业的研发激励效应不显著。达潭枫和刘德宇运用 RD-DID 断点双重差分法探究出：研发加计扣除政策对企业创新是具有正向激励影响的，其中对中小型企业和非国有企业的研发创新的激励作用较为显著，而且对地区法制水平较完善、要素市场扭曲程度高和政府干预程度高的制造业企业创新绩效促进作用更加显著。徐智等通过机制检验得出结论：政策对企业研发创新的激励作用和盈余管理的管控作用会因制度环境、行业性质的不同存在异质性。胡俊南等通过分析问卷数据发现，研发加计扣除政策能够显著地提高企业研发创新投入与研发创新产出的水平，但规模不同、行业不同和产权性质不同的企业对研发加计扣除政策的敏感程度存在一定的差异性。戴天仕和赵琦以“准自然实验”为切入点，构建了双重差分模型，实证考察研发加计扣除政策对企业人力资本结构的影响和机制，研究发现，政策能够显著提高企业从事研发创新的知识人才需求，对政府干预能力较强的地区的制造业企业具有更显著的促进作用。李新等研究发现研发加计扣除政策对中国东部地区的企业研发投入影响显著，对中西部地区的企业研发创新影响不显著，并且表现为负相关，而对非国有企业研发投入的激励效应显著，其原因是非国有企业本身享受的税收优惠政策较少，而对于国有企业研发创新激励作用不显著。张凯和吴松彬运用面板回归模型验证研发加计扣除政策对企业创新异质性的影响，研究发现，从区域环境看，研发加计扣除政策效应具有地域性差异；从行业种类看，研发加计扣除政策对知识密集型行业激励效果最显著；从所有制属性看，研发加计扣除政策对民营、外资企业创新激励效应较强。唐明和旷文雯运用中介效应检验方法验证了政策创新激励效应存在产权异质性，不仅激励了民营企业创新产出。崔也光和王京采用双重差分倾向匹配的方法，通过实证研究发现，与珠三角、京津冀地区相比，研发加计扣除政策对长三角经济区研发投入激励效应更显著。梁双陆和白云翠认为研发加计扣除政策对企业创新的促进作用很显著，且对探索式创新的促进作用要远强于利用式创新，并且发现研发加计扣除政策对企业研发创新激励作用因人力资本结构、企业生命周期、政策作用时间和行业水平的不同而存在差异。

2. 政府补贴对制造业企业双元创新影响的相关研究

(1) 政府补贴对制造业企业双元创新的影响

政府补贴对制造业企业双元创新的影响效应呈现为促进效应、挤出效应和非线性关系。

第一，政府补贴对制造业企业双元创新具有促进效应。众多学者从不同角度、用不同研究方法得出的一致结论支持了这一观点。国际上的相关研究中，Hamberg 是最早研究政府补贴与企业创新关系的学者，他指出政府补贴能够促进美国企业技术创新发展。Czarnitzki 和 Hussinger 指出，政府补贴能够促进企业的专利数量提高，专利数量是衡量企业创新能力的重要指标之一。Berube 和 Mohnen 采用加拿大统计局企业研发调查数据，运用非参数匹配技术估计方法，得出结论：享受政府补贴的企业能够生产更多业内领先的保质保量新产品，在创新产品的收益性上也能更成功。

国内也有大批学者在相关领域进行了详细的研究。郭景先等认为政府补贴一方面可以直接向制造业企业提供资金，另一方面可以间接助力企业吸引外资，从而帮助制造业企业实现双元创新发展。娄琬婷等基于湖北省孵化器企业数据，通过中介效应模型实证检验发现，政府补贴能够激励企业的创新绩效的提升。石俊国等论证出，政府补贴对企业创新决策和创新投入均有显著的促进作用，尤其对制造业企业而言，政府补贴激励了企业研发能力和创新投资的提高。曹淑媛等通过建立多元回归模型，实证研究政府补贴对企业创新能力的影响，研究表明政府补贴能够在一定程度上提升企业的创新产出以及投入，并具有可持续性。郑素丽等认为政府补贴有利于优化人员结构，实现知识整合所需的相应技术的资源配置能力，促进企业双元创新。张红娟等指出，研发补贴发挥了“信号传递”作用，可为企业招致更多的外部投资和协作研发机会，帮助企业实现对不同技术领域内知识要素的搜集和组合，提高企业双元创新能力。

第二，政府补贴对制造业企业双元创新影响具有挤出效应。王欢以 2012—2021 年的中国新三板挂牌公司和制造业上市公司为研究样本，发现政府补贴对企业净研发投入具有挤出效应。Lichtenberg 在通过改良计量模型后，实证发现政府补贴会阻碍企业创新的投入。熊凯军借助样本更换、工具变量法、变量和采用分位数回归的方法验证出结论：政府补贴对企业技术创新产出具有明显的抑制作用。李晓翔和张树含认为，政府补贴没有显著提升中小企业创新的能力，企业短期内没有明显加大创新投入力度。持有上述观点的理由主要是以下三个方面：

一是政府和企业间存在信息不对称问题。在国内研究方面，安同良和千慧雄从技术外溢视角出发，指出了因为信息不对称问题导致政府不能及时了解到企业研发创新的进展情况，资金容易补给不到位或不及时，使政府补贴的效率大大降低，从而限制了政府补贴对企业研发创新的激励作用。张韬同样认为政府对企业如何使用创新补贴缺乏了解，长此以往，不利于政府补贴促进企业技术创新发展。在国际研究方面，Wallsten 以上市小企业数据为样本，发现政府补贴金额远高于企业实际的研发费用，补贴不具有互补效应。Czarnitzki 和 Ebersberger 通过研究发现，政府补贴在行业属性和企业所有制方面具有倾向性，这种资源分配方式容易产生创新活动集中度高、市场垄断性强和享受补贴壁垒增高的问题，不利于市场自由竞争，还会导致中小规模企业创新投入不足。

二是企业为获取政府补贴而采取寻租行为和策略性套取政府补贴的行为。比较具有代表性的研究包括：肖兴志和李少林通过对战略性新兴企业的研究发现，政府补贴在激励企业创新过程中存在着寻租行为，导致企业研发创新投入力度取决于寻租行为，而并非根据市场供需水平来确定研发投入强度。黎文靖等也指出，由于政府的自由裁量权和信息不对称问题，企业通过寻租行为获得政府补贴，这一行为限制了补贴对于企业技术创新的正向影响，企业为了获得更多的政府补贴提高创新数量而轻视创新质量的行为，并没有实质性地提高企业技术创新能力。

三是在重数量的导向下，轻视了创新质量。刘婧等认为，随着企业生存压力增大，政府补贴可能被挪用于迎合政府政策目的而非创新行为，或者产生盲目追求“数量”和“速度”而轻视“质量”的后果，企业并未持续增加实质性创新投入，难以真正提升企业的创新能力。应千伟和何思怡通过研究指出，政府补贴可能会导致企业在创新上偏向于“追求数量而非质量”的策略，这是由于补贴机制中存在的两个扭曲效应：验收扭曲和寻租扭曲。验收扭曲指的是企业在申请和验收补贴时，可能更注重项目的数量而不是项目的实际创新成果或商业价值。寻租扭曲则是指企业可能利用补贴来进行非生产性活动。这两种扭曲效应都可能导致企业创新的质量受损。

第三，政府补贴对制造业企业双元创新影响呈非线性特征。当前有很多研究表明，政府补贴对制造业企业研发创新激励影响并不是简单的激励或抑制，而是表现出非线性的影响效应，只有在适度区间内会产生正向促进作用，而超过阈值就会抑制企业研发创新，这一特征也得到了越来越多相关学者的研究支持。吴武清等认为，政府补贴政策对企业双元创新的影响作用在政策激励效应和挤出效应作用下呈倒U型，研发补贴的边际效应先表现为不断减弱的挤出效应，再逆转体现为不断增强的挤入效应。李江和吴玉鸣根据2007—2009年中国A股制造业上市公司面板数据，以“质”与“量”的视角研究出政府补贴对企业研发创新质量和数量的影响呈U型关系，只有当政府补贴强度超过转折点，才能够激励企业创新增量提质。林春培等以2008—2020年中国股市上市公司数据为研究样本，基于企业内部正式制度层面的股权激励和外部非正式制度层面的政治关联的双重视角，来探究政府补贴对企业创新投入的影响，研究发现政府补贴对企业创新投入的影响呈倒U型曲线，合理范围内的政府补贴会推动企业研发投入。Acemoglu通过分析指出，政府对企业提供的补贴与企业的创新投入之间存在一种明显的U型关联，表明只有当政府补贴超过某个临界点时，它才能有效地激发企业的创新活动，反之，则对企业创新投入起到抑制作用。这种U型关系的促进效应通常在民营企业样本中发生，在其他产权性质的企业中激励效应不显著。为深入研究外部环境对政府补贴创新激励的效果，何雨霖和陈宪通过建立包含外部环境、企业研发创新、政府补贴的动态博弈模型，以中国A股2007—2019年高科技上市公司数据为研究样本，通过调节效应和门槛效应模型得出结论：当政府补贴强度超过阈值0.01时，政府补贴对高科技企业创新激励作用逐步衰弱。严思屏等以2009—2020年中国29个省份面板数据为样本，通过搭建门槛模型与GMM模型，站在外部环境的视角下来验证政府补贴对高技术企业创新激励的影响，检验外部环境的最优空间。实证发现，外部环境的波动会影响政府补贴对高技术企业的激励程度，这种影响呈现非线性关系。此外，随着行政垄断权力扩大和政府补贴资金增加，企业创新的激励效果会逐渐减弱，即政府补贴的边际效益会递减。叶红雨和徐雪莲采用双门槛回归模型将政府的补贴力度分为三个等级：如果政府补贴比例低于 12.35%，那么补贴可能会对企业的研发活动产生抑制作用；补贴比例位于 12.35%到 25.74%这个区间时，补贴对研发活动的负面影响会减少；而当补贴比例超过 25.74%时，政府补贴将能最有效地促进企业的研发创新。而在研究政府补贴对企业创新意愿和偏好的研究上，崔兆财等运用工具变量法 IV-Probit 方法和 2SLS 方法对 2008—2017 年国泰安数据库中 2480 家上市公司数据进行实证检验，得出结论：当地区、行业、时间和企业性质因素不变时，政府补贴对企业研发创新意愿激励影响呈 U 型非线性关系，当政府补贴超过阈值后，对企业创新意愿表现为挤入效应，但是这种挤入效应可能会使企业陷入“轻质量”的困境。

在具体细分创新模式上，政府补贴对双元创新的影响具有差异性。一种是政府补贴对两种创新模式的影响程度不同。李菁菁等认为，相较探索式创新，政府创新补贴对企业利用式创新的激励作用更为显著。李传宪和彭惠娟认为政府补贴能够显著促进企业双元创新投入，然而相比利用式创新，对探索式创新投入影响更大。而李传宪和黄丽又通过研究新能源上市企业得出结论，政府补贴对新能源公司探索式创新投入和利用式创新投入都具有激励作用，相对于探索式创新投入，政府补贴对新能源上市公司利用式创新投入的激励作用更为明显。与企业利用式创新的影响相比较，Bernini 认为，政府补贴对企业探索式创新投资具有显著的促进作用。另一种是政府补贴对探索式创新和利用式创新存在着相反的影响效果，即政府激励仅对制造业企业双元创新的一种创新模式起到激励作用，而对另一种创新模式起到抑制作用。李佳霖和董嘉昌以有限注意力理论为研究基础，也发现地方政府补贴对制造业企业的实质性创新和策略性创新都具有促进作用，会促进企业的利用式创新，但是不利于企业的探索式创新。这是因为探索式创新往往需要持续的资金支持作为保障，然而不连续且金额不固定的政府补贴可能会导致探索式创新活动的减少。相反，利用式创新更多的是临时性和机会驱动的，增加的政府补贴可能会激励利用式创新企业进行回报更快、周期更短的创新项目。

（2）政府补贴对制造业企业双元创新影响的异质性

受到宏观与微观层面因素的作用，政府补贴所产生的效果呈现出异质性，这种异质性同样体现在政府补贴对制造业企业研发创新的激励作用上。在研究异质性方面，我国学者从多个维度和视角出发，进行了广泛的研究，并取得了丰硕的研究成果。异质性具体表现为以下三个方面：

第一，不同企业规模层面。冯燕妮和沈沛龙开展了一项针对中小企业的研究，发现企业规模在政府补贴效果中扮演着重要角色。这一现象的根本原因在于，不同规模的企业在融资难易程度上存在显著差异，其中大型企业通常能够更容易地获取资金支持。孙文凯等以A股上市中小企业经济数据为样本进行研究，经过机制分析的验证表明，信号理论在解释政府补贴对中小企业创新影响方面具有较高的解释力。此外，寻租行为会对政府补贴在中小企业，尤其是对内部控制较弱和高新技术中小企业中的创新激励效果产生负面影响，使得补贴的激励作用减弱。

第二，不同企业所属区域层面。赵力和孟延春通过研究2007—2021年的中国股市上市企业数据，应用面板负二项回归模型对企业创新绩效与政府补贴的关系进行探索，研究出政府补贴对企业的创新绩效作用会因区域的不同而产生差异，在规模较大的城市和中西部地区中，政府补贴发挥的创新激励效应更强。李佳霖和董嘉昌从中国股市上市公司面板数据和地方政府工作报告出发，运用双向固定效应模型来研究政府补贴对企业研发创新的作用及其异质性，研究发现，政府补贴对企业创新的影响在中东部地区更显著，在西部地区影响较弱。李美玲等通过实证验证了中部地区政府补贴对探索式创新的激励效应最为明显，而西部地区政府补贴则更偏向于利用式创新。

第三，不同企业产权性质层面。段铸和程颖慧以中国A股2010—2021年上市的战略性新兴企业面板数据为样本，实证论证出政府补贴对中小型战略新兴企业和非国有战略新兴企业研发创新的促进作用更加显著，而对于大型战略新兴企业和国有战略性企业技术创新的激励作用相对较弱。苏蕊芯和陈艾薇以2001—2020年A股新能源汽车上市公司数据为研究样本进行实证研究，实证验证在供应链视角下政府补贴对企业研发创新的影响机制，得出结论：按企业所有制性质划分，在上下游企业中，政府补贴对非国有企业的创新激励效果比对国有企业的创新激励效果显著，对中游企业效果则相反。王俊懿和赵凯选取了2011—2021年中国沪深A股上市企业数据作为样本进行实证验证，得出结论：政府补贴对于企业创新产出具有正向促进作用，适度的产品竞争会加强政府补贴对企业创新投入的促进作用，这一促进作用在非国有企业中较为显著，在国有企业中不显著。张杰飞等站在营商环境的视角，选取中国工业企业数据，指出企业所有制性质不同引起的外部环境差异，民营企业受政府补贴的创新激励效应最强，国有企业较弱，外资企业处于二者之间，根据企业技术水平的差异，政府补贴对高新技术企业创新激励效应强于劳动密集型企业。

（3）政府补贴对企业创新影响的研究方法

关于政府补贴对企业创新影响研究中，研究方法通常是有学者重点关注的领域，而在研发创新视角下，政府补贴对企业影响研究方法的文献较少。当前较有代表性的研究方法，包括：杨欢和李香菊应用样本选择模型的半参数估计方法来检验政府创新补贴对企业创新投入的影响效应。Park 运用数据包络分析（DEA）来研究政府补贴的利用效率。赵丽君运用倾向得分匹配法（PSM）来探究政府补贴对企业绩效的作用。崔百胜和朱麟从创新系统的角度出发，运用动态随机一般均衡模型（DSGE）进行分析，发现政府补贴能促进企业创新。王钊和王良虎运用断点回归设计（RDD）对中国企业进行了研究，结果表明税收优惠措施能够有效提升高技术企业的创新效率。卢馨等在研究中使用了固定效应变截距模型，结果支持政府补贴对企业创新有正面促进作用的理论，即所谓的挤入效应。姜启波和谭清美通过非动态门槛效应分析发现，政府对创业板上市公司的补贴有助于缓解企业的融资限制，从而促进企业的创新活动。

3. 政府激励策略的差异性研究

单靠市场是无法有效调节企业研发创新活动的，还需要依靠政府力量对其进行一定的外部调节和干预，研发加计扣除政策与政府补贴是我国目前最为常用有效的两种政府激励手段。这两种政策的实施范围和激励程度都在逐年递增，但两种政策的内涵、特点以及对企业研发的影响各有不同的路径，在政策激励机制和政策实施过程中存在一定差异。

由于这两种政府激励方式具有不同的特点，因此对企业技术创新的影响作用也不同，当前学术界和商界较为重视这两种政府激励方式的影响差异。政府补贴能在较短时间内直接支持企业开展创新活动，具有迅速、直接、明显等特点。而作为政府补贴替代方式的研发加计扣除政策具有确定性，对企业性质和行业选择的影响较为中性，更鼓励私营企业自主选择研发种类和项目，在自主性、公平性、普遍性方面更具优势。

在两种政府激励手段的实施效果方面，众多学者进行了深入研究。寇明婷等发现相较政府补贴政策，研发加计扣除政策在企业研发投入方面的促进作用更强。孙自愿等同样发现在对企业创新活动激励方面，研发加计扣除政策比政府补贴作用更大。而宋玉禄和陈欣验证出补贴政策相较于研发加计扣除政策有着更强的激励效应。曹越等认同上述观点，并认为在促进企业研发投入效果方面，研发加计扣除政策并没有显著的效果。具体到某一特定行业，刘蓉等发现对于上市制造业，政府补贴的效果具有不确定性，但是研发加计扣除政策是可以显著激励企业增加研发投入的。马伟红采用随机效应面板数据模型，发现对于高新技术企业，研发加计扣除政策的作用更大。

四、文献评述

1. 总结现有研究主要观点

上述文献主要梳理了国内外关于政府激励、双元创新，以及政府激励对制造业企业双元创新影响的相关研究，为本书后续的研究打下了坚实的理论铺垫。绝大多数研究者对政府在实体经济发展中实施的激励政策持肯定态度，认为这些政策能够减少企业的运营成本、分担潜在风险，并激励企业进行技术创新，从而有效推动企业的双元创新发展。其中，政府补贴可以直接向企业提供资金支持。这种做法向市场传达了积极的信号，企业可以获得必要的财务支持，从而加强其运营能力和扩张潜力；研发加计扣除政策通过减轻企业的税收负担，提高企业税后的盈利能力，从而为企业创新提供资金支持，并能有效应对研发活动中可能出现的正外部性问题。两种政府激励手段均能促进制造业企业双元创新。但也有研究认为政府激励对制造业企业双元创新的影响具有挤出效应，在信息不对称的环境中，政府补贴易引致企业投机行为，企业可能采取仅仅是为了满足补贴条件而非真正推动创新的策略性行动。研发加计扣除政策在落实过程中容易受到内外部因素的制约，限制对企业研发创新的激励效果。也有学者认为政府激励对制造业企业双元创新影响效应呈现出非线性特征，只有在适度区间内才会产生正向促进作用，而超过阈值就会抑制制造业企业研发创新。另外有学者指出，因宏观和微观因素的影响，政府激励对制造业企业双元创新影响存在异质性，其异质性表现主要体现在政府激励对制造业企业创新的激励效果因产权性质、企业经营情况、制度环境和企业生命周期等因素的不同而存在较大差异。

2. 现有研究存在的不足

现有文献的研究成果为本研究打下了坚实的理论基础，但在某些方面还存在局限，需要进一步的探索和完善。

第一，关于政府激励对制造业企业双元创新的直接研究较少。研究者们多为方法总结或理论探讨，并且在探讨制造业企业双元创新的实证研究中，通常采用文本挖掘方法来提炼相关的双元创新关键词，并以此为基础来构建衡量企业双元创新水平的指标体系。不过建立的指标体系有待完善，也缺乏相关实证分析。

第二，目前关于研发加计扣除政策和政府补贴两种激励手段对制造业企业创新影响差异的研究较少。多数学者是从政府激励、财税政策整体层面去研究，也有学者对研发加计扣除政策和政府补贴两项具体政府激励手段对企业创新的影响效应进行研究的，但针对二者的影响差异来探讨的文献较少。

第三，研究政府激励对企业不同创新模式影响的文献较少。尽管现有文献从多个角度研究了政府激励策略对微观企业创新行为的影响，但大多数关于企业创新的研究通常从创新同质性的角度出发，而没有深入区分不同种类的企业创新活动。从双元视角出发，分析政府激励策略如何影响企业创新的文献还不多见。

第四，现有文献虽然研究对比了政府补贴与研发加计扣除政策两种政府激励策略的影响效应，但仍缺少深入研究政府激励对制造业企业创新的作用机理。政府激励对制造业企业双元创新的效果因企业特性差异而有所不同，这影响了激励策略更具针对性地实施。因此，准确地阐明政府激励在创新领域如何影响制造业企业双元创新的作用机制，对于优化政府角色和调整制造业企业创新策略具有重要的理论和实际意义。

本书主要探讨两种政府激励策略对制造业企业双元创新的影响效应及机制，以及二者对制造业企业双元创新激励效果方面存在的差异，以弥补目前理论研究的不足。

第四节　研究方法

本书在相关理论和发展现状的基础上，主要应用了文献研究法、规范研究法、实证研究法、对比研究法等方法对政府激励对制造业企业双元创新的影响进行研究。具体研究方法如下：

1. 文献分析法。首先，将对国内外探讨政府激励对制造业企业双元创新影响的研究文献进行系统整理和回顾。具体而言，对“双元创新”“政府激励”“研发加计扣除政策”“政府补贴”等关键词进行检索，搜索整理国内外相关书籍和期刊文献，结合本研究的主题内容总结出前人研究的贡献与不足，并进行理论延伸，对探究政府激励对制造业企业双元创新的影响提供理论依据。然后，从政府补贴、研发加计扣除政策出发，整理归纳我国促进制造业企业创新的政府激励策略，厘清相关政策的发展演变轨迹，探析现行政府激励策略存在的不足，为本研究中的核心概念界定、相关理论基础，以及采用理论和实证相结合的方法来研究政府激励对制造业企业双元创新的影响提供经验借鉴和理论铺垫。

2. 规范研究法。基于国内外研究基础，剖析政府激励对制造业企业双元创新影响的形成机制，即研发加计扣除政策对制造业企业双元创新的影响、政府补贴对制造业企业双元创新的影响；描述分析政府激励对我国制造业企业创新的现状，提出相关研究假设；研究政府激励对制造业企业双元创新影响的作用机制，即由于弥补正外部性、减少创新成本和降低创新风险，并利用模型对假设进行实证检验，从而得到不同的政府激励支持我国制造业企业创新的总效应和门槛效应，形成科学合理的研究结论。

3. 实证分析法。对促进我国制造业企业双元创新的政府激励进行实证分析是本书的重要组成部分。本书以制造业上市公司微观数据为研究样本，综合采用双向固定效应模型和门槛效应分析等方法验证政府激励驱动制造业企业双元创新的影响效应，并建立似不相关回归模型来研究研发加计扣除政策和政府补贴对于制造业企业双元创新的影响差异，使用 Bootstrap 中介效应模型来研究政府激励对制造业企业双元创新影响的机制路径，检验融资约束、预期受益和产学研合作在政府激励对制造业企业双元创新影响中所发挥的传导效应。本书的研究数据也可为其他学者研究政府激励对制造业企业双元创新影响提供可靠的实证依据。

4. 对比研究法。两种政府激励手段，即研发加计扣除政策和政府补贴对于对制造业企业双元创新的影响效果是不同的，因此本书在第四章第五节采用对比研究法对研发加计扣除政策和政府补贴对于对制造业企业双元创新的影响效果进行了比对分析。政府激励对不同性质的制造业企业双元创新可能会产生差异化影响，为了验证这种差异化影响是否存在，本书在第五章采用对比分析法，就不同产权、区域特征、生命周期、技术类型、要素密集度等要素对制造业企业展开对比分析。在技术背景、行业竞争水平和经济不确定性下，政府激励对制造业企业双元创新影响的中介效应也可能存在差异，因此本书在第六章也采用对比研究法进行了分析。

第五节 研究内容与技术路线

国内外已有研究从多个角度探讨了政府激励对企业层面创新活动的影响，重点在于验证政府补贴和税收减免政策是否能够激励企业增加研发投资，以及这些政策的效果如何评估。由于研究对象和研究时期不同，研究得出的结论存在差异。另外，企业的创新活动是多样化的，但大部分关于企业创新的研究都基于同质性的创新活动，没有深入区分不同类型的创新活动。从双元视角出发，分析政府激励策略如何影响企业创新的研究还相对较少。同时，由于企业的异质性，影响也可能会表现出较大差异。此外，现有研究文献对政府补贴和税收减免政策对企业创新的影响进行了共同探讨和比较，但在探究政府激励策略如何具体影响企业双元创新活动的路径和机制方面仍显不足，对于这些政策工具如何以及为何会对企业的探索式和利用式创新产生不同程度的影响，还缺乏深入的理解和研究。基于此，本书针对各种异质性制造业企业，深入研究研发加计扣除政策和政府补贴两种政府激励手段对其双元创新的影响及作用机理，对比两种政府激励手段效果，以期提高政策实施的针对性和有效性。

一、研究内容

第一章，绪论。首先阐述研究的背景和重要性，然后本章对国内外学术界关于政府激励如何影响制造业企业双元创新（即同时推动探索式和利用式创新）的现有研究进行系统的回顾和总结。这一梳理工作有利于把握研究领域的现状，也为后续章节中的研究假设和分析框架提供了理论基础。第一，政府激励相关研究对政府激励的主要内容进行了界定。第二，双元创新相关研究，主要包括双元创新内涵、测度方法、研究方法等内容。第三，政府激励对制造业企业双元创新的影响，主要包括研发加计扣除政策和政府补贴对制造业企业双元创新的影响，以及两种激励方式的影响差异。第四，对国内外相关文献进行综合评述，分析现有研究的局限性，为后续研究奠定坚实的理论基础。本章详细阐述研究思路和研究内容，明确采用的研究方法以及所体现的创新点，并以技术路线图的形式展示研究框架和全文结构。

第二章，核心概念界定与相关理论基础。本章论述了政府激励对制造业企业双元创新影响研究的理论分析框架。本章首先界定了制造业企业和双元创新内涵，然后对政府激励理论介绍，阐述政府激励内涵与特征、政府激励方式和政府激励效应，其次进一步阐述税收优惠及研发加计扣除政策与政府补贴理论，并分别从费用化支出和资本化支出、政策内容、政策含义、指标体系等几个方面进行分析，进而分析政府激励与制造业企业双元创新的理论基础，包括双元性组织理论、政府工具理论、信号理论、协同创新理论、企业优序融资理论，梳理各理论的主要观点及发展过程，明确其在本研究中的指导意义。

第三章，政府激励与制造业企业创新发展现状分析。本章主要对我国制造业企业技术创新的政府激励策略进行了规范性分析，并概述了当前政府激励策略的实施现状。一方面，从制造业创新现状、研发加计扣除政策发展演变和现状、政府补贴发展演变和现状三个方面来具体分析，对政府激励与制造业企业创新现状进行阐述。另一方面，对政府补贴与研发加计扣除政策进行比较分析，对两种政府激励手段的差异性进行研究，据此分析在当前政府激励支持下制造业企业双元创新可能存在的问题。

第四章，政府激励对制造业企业双元创新影响的实证分析。本章首先建立双向固定效应模型来研究研发加计扣除政策和政府补贴对于制造业企业双元创新的影响，并通过建立 2SLS 模型以及 GMM 动态模型对内生性检验，采用逐步回归检验和更改估计方法进行稳健性检验。然后构建研发费用加计扣除政策和政府补贴对制造业企业双元创新影响的门槛面板回归模型，检验对研发加计扣除政策和政府补贴对制造业企业双元创新之间的非线性关系形成原因进行分析。最后通过似不相关回归模型比较政府补贴和研发加计扣除政策对上市制造业企业双元创新的影响差异。

第五章，政府激励对制造业企业双元创新影响的异质性研究。本章在分析政府激励对制造业企业创新活动整体影响的基础上，结合企业的具体特征等因素，采用制造业企业的面板数据，检验企业的异质性，包括产权异质性、区域特征异质性、生命周期异质性、技术类型异质性、要素密集度异质性等，是否会造成政府激励对制造业企业双元创新的差异化影响。建立 2SLS 模型以及 GMM 动态模型对内生性检验，以及逐步回归检验和更改估计方法进行稳健性检验。

第六章，政府激励对制造业企业双元创新影响的机制研究。考虑到目前中国制造业的这一特殊情景：企业融资约束、预期收益已然成为制约企业发展和升级的重要障碍，产学研合作成为推动企业创新的趋势，因此通过构建多元线性回归和平行中介模型，研究融资约束、预期收益和产学研合作等因素在政府激励对制造业企业双元创新影响的传导机制效应，并根据管理者技术背景、行业竞争水平和经济不确定性，分组比较传导效应在研发加计扣除政策和政府补贴对制造业企业双元创新的促进作用差异。

第七章，研究结论与政策建议。本章的内容主要分为两个模块：第一，总结各章节中的核心结论；第二，在理论依据和实证分析的基础上，针对我国制造业企业的政府激励策略现状，提出相应的政策建议。

二、研究思路及技术路线

本书的研究思路安排是：首先明确研究问题，接着构建理论基础，然后对现状进行深入分析，随后将理论研究与实证分析相结合以验证假设，最后提出改进和优化的策略路径。

首先，对国内外相关研究进行系统梳理和归纳述评，并清晰界定核心概念，阐明研究需运用的基础理论，共同构筑本书研究的理论基础。然后，对我国制造业企业的创新现状、研发加计扣除政策和政府补贴两种政府激励手段的发展演变进行梳理，对两种政府激励手段的差异性进行研究，将政府补贴与研发加计扣除政策进行比较分析。再后，在理论基础和现状分析的基础上，遵循"影响效应—影响异质性—作用机制"的逻辑思路，分三步进行实证研究：第一步，首先确定政府激励对制造业企业双元创新存在着显著的影响效应；第二步，在第一步基础上验证企业异质性会造成上述影响效果的差异；第三步，结合信号理论、协同创新理论、企业优序融资理论深入探讨政府激励对制造业企业双元创新影响的作用机制。最后，在以现状分析、理论和实证相结合分析得出结论的基础上，针对政府激励如何促进制造业企业双元创新，从政府和企业两个层面提出具体的对策建议。

根据上述研究思路，结合对研究内容和研究方法的梳理，形成本研究的技术路线图，如图 1-1 所示：

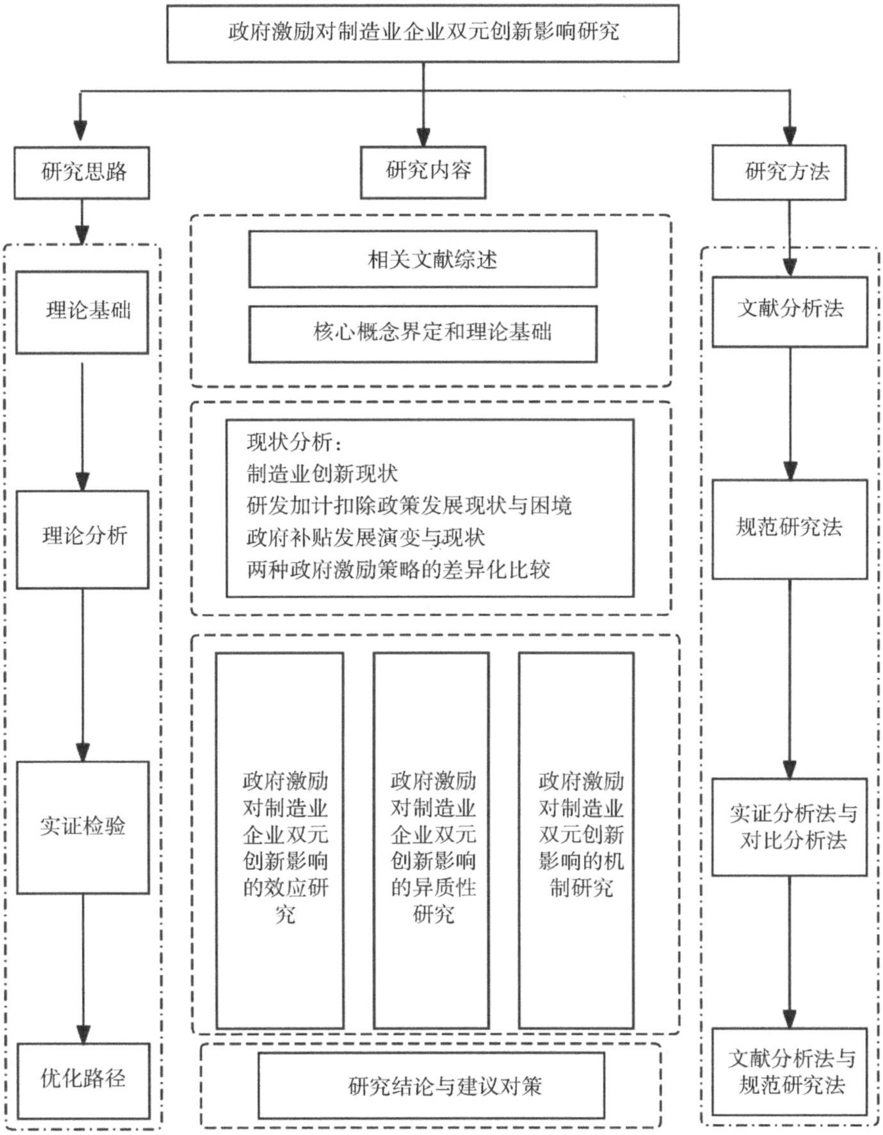
政府激励对制造业企业双元创新影响研究
研究思路
研究内容
研究方法
理论基础
理论分析
实证检验
优化路径
相关文献综述
核心概念界定和理论基础
现状分析：
制造业创新现状
研发加计扣除政策发展现状与困境
政府补贴发展演变与现状
两种政府激励策略的差异化比较
政府激励对制造业企业双元创新影响的效应研究
政府激励对制造业企业双元创新影响的异质性研究
政府激励对制造业双元创新影响的机制研究
研究结论与建议对策
文献分析法
规范研究法
实证分析法与对比分析法
文献分析法与规范研究法

图 1-1 技术路线图

第六节 创新点

1. 研究视角上的创新。创新并非同质性的，探索式创新与利用式创新在创新目标、创新形式、创新收益等方面存在着不同，但是政府激励对于制造业企业的双元创新是否存在差异仍有待商榷。因此，本研究立足于双元创新理论，在结合以上创新特征的基础上，分别验证研发加计扣除政策、政府补贴对制造业企业两种创新模式的影响，有助于更全面地认识政府激励与制造业企业创新之间的关系，为政府激励的研究拓展了新的角度，为解释当前存在的不同研究结论提供了新的视角。

2. 研究理论上的创新。在激烈的市场竞争中，企业、政府及社会投资者之间相互展现了一种信号传递的效应。在以往的研究中，信号理论常被应用于企业内部人力资源管理领域。本研究将其拓展到财政投融资领域，以信号理论为切入点，深入研究作为一种优质信号的政府激励策略，是如何通过缓解制造业企业融资约束、调整制造业企业预期收益、倡导产学研合作等传导机制促进制造业企业双元创新。

3. 研究内容方面的拓展。在全面考量政府激励具体情况和特殊性质的基础上，从普适型激励政策（研发加计扣除政策）、自由裁量型政策（政府补贴）两个方面构建起政府激励促进企业创新的系统框架，拓展政府激励对企业创新影响的研究。此外，对政府激励对制造业企业双元创新的影响机制进入深度分析，深入剖析融资约束、预期收益和产学研合作等因素在政府激励对制造业企业双元创新影响的传导机制效应，从而使得研究成果更具现实指导意义，为执行创新战略和推动经济的高质量发展提供了实证方面的参考。

4. 研究观点的创新。基于融资约束、产学研合作和制造业企业异质性的视角，提出促进政府激励对制造业企业双元创新影响的对策建议。政府可以实施差异化、精准化的政府激励策略。企业可以协同内外部科技研发力量，促进多方交流与合作，加强研发创新环境建设，充分发挥市场作用。

第二章　核心概念界定和理论基础

探究政府激励对制造业企业双元创新的影响，需要厘清相关的基础理论。本章首先界定制造业企业、双元创新、政府激励等核心概念，其次梳理双元性组织理论、政府工具理论、信号理论、协同创新理论、优序融资理论。核心概念的界定和基础理论的梳理构成了本书的理论基础，为后续理论分析及实证研究的展开进行了铺垫。

第一节　核心概念界定

一、双元创新

1. 双元创新的概念

此前研究者在研究企业创新机制领域时，多数学者将企业创新进行同质化统一性研究，而实际上企业创新研发存在模式上的差异。双元创新理论认为，企业在研发创新过程中应同时开展针对既有资源的利用式创新以及开拓新领域的探索式创新。这一对概念最早来源于组织学习领域，企业的研发资源大部分用于这两种创新：利用式创新指的是对已有知识和技术进行提高、精炼、改善，探索式创新是对新知识和新技术的探索、追求、创作。企业研发创新领域逐渐引入了双元创新的概念。关于双元创新概念的界定，Benner 等进行了详细客观的阐述：探索式创新是一种大幅度的创新活动，旨在摆脱原有知识技术层面，开展具有颠覆性的技术创新，意味着跳出原先占有的市场，开拓新的市场、挖掘新的客户群体、研发新的产品和服务；利用式创新是一种小幅度的技术改善行为，不用开拓全新的市场，仅需在企业已掌握的技术知识体系下，进行能够维持现有市场的技术改进活动。通过比较它们各自的含义来看，探索式创新所承担的风险更为显著、面临的不明朗因素更多、需要的开发时间亦更加延长。在企业研发过程中，这两种创新活动不是互相矛盾的关系，而是平衡统一的关系，探索式创新可以促进企业对现有知识体系进行革新，建立新的市场竞争优势。以探索式创新为出发点，企业可以占据市场上的主动性，率先研发出新产品或推出新服务，实现技术创新的质变；利用式创新立足于现有技术体系，改进现有技术水平。以利用式创新为出发点，能够维持现有的市场竞争优势，不断优化和完善现有知识和技术。故此，企业平衡两类创新行为对提高当期盈利与促进长远发展极为有益，能持续保持企业在市场竞争中的优越地位。

2. 双元创新的维度

目前，研究人员在进行双元创新方面的讨论时，主要是依据利用式创新与探索式创新之间的联系来进行界定的。所谓的双元创新，指的是利用式创新模式和探索式创新模式，两者的互动关系展现出几种特定方式：第一，探索式创新与利用式创新相互交融，表现为正交状态，反映了两种创新形式的融合和互补，彼此不被视为完全竞争关系，有利于实现双元创新收益最大化；第二，探索式创新与利用式创新位于连续统一体的两个端点，追求两种创新形式间竞争和平衡的统一性。综合以上两种创新形式的关系模式，Cao 等构建了双元创新的组合式维度和平衡式维度。平衡型双维创新理念的核心在于追求探索性创新与利用性创新在研究和开发资源投入上的均衡对等，其重点在于两者间的协调一致性；融合型创新的深层内涵在于将应用创新与探究性创新相结合，形成一个更为宏大的整体架构，其核心所在在于这两者之间的相辅相成与和谐共融。组合式维度和平衡式维度的划分有机整合了双元创新的两种关系形式，有利于企业创新绩效的提升。双元创新是当前企业管理领域内重点关注的主题之一，有助于保证企业在研发创新阶段内以二元性的视角来解决互相矛盾的战略判断，通过企业组织活动，最大程度上追求兼顾探索式创新与利用式创新的目标。

二、政府激励

1. 政府激励内涵

政府激励内涵是指政府根据当前社会环境的特征，如行业特性、地区特点、特定周期内的政治、经济环境等，以推动社会经济发展和提升社会生产力为主要目标，采取直接或间接的调控手段，对微观经济主体（如中小企业、事业单位和国企央企等）提供资金支持、资源共享、人才补充、利好政策等帮助，以促进社会经济发展和提升社会生产力。政府激励可以在一定程度上提升市场活跃程度，助推社会经济水平的发展，有效降低市场失灵现象带来的负面影响。政府在制造业企业研发创新中的地位和作用是现今研究领域重点关注的内容之一，经济较发达地区的实践证明了政府在助推企业创新和国家科技发展中发挥了难以替代的作用。

2. 政府激励效应

政府激励效应是指政府采取税收优惠政策、政府补贴、其他奖励惩罚等手段对某些行业产业、机构、产品服务、经济行为等提供激励、扶持或者处罚等。本书对学者们的研究，归纳整理出政府激励的主要五种方式：第一，政府针对企业发展需求专门设立各项资金补贴，比如较为特殊的补贴项目有新冠疫情期间的疫情补贴，帮助企业缓解突发事件带来的损失，或通过财政贴息手段降低企业研发成本，加快企业创新成果产出速度；第二，政府通过构建企业融资平台，为符合资助标准的企业扩宽融资渠道，提供融资服务，比如由政府设立或授权设立的政府融资平台，或以促进经济发展为目标的融资平台，承担着为企业融资提供便利、降低融资成本、推动经济发展的重要使命；第三，政府为企业制定税收减免政策，间接降低企业研发创新活动中的成本，比如研发加计扣除政策、加速折旧、降低或减免所得税、增值税等优惠政策，推动企业资金高效流转；第四，政府为帮助企业走向国际化高端发展，组织或参与企业信息咨询平台的搭建，为企业提供实时的动态前沿市场信息，便于企业参考国内外市场行情开展更有效的研发创新活动；第五，政府应为企业发展营造公平有序的法治环境，通过颁布法律法规等合理的约束条件来促使企业参与公平的市场竞争，对企业的知识产权、专利专著、技术创新等提供立法保障措施，培育和维护好创新的“土壤”。

3. 政府激励特征

政府激励具有三个方面的显著特征：一是政府激励具有无偿性，这是政府激励的主要特征。政府在对企业提供资金支持后，企业无需在未来对这部分资金进行偿还，政府也不会因对企业有资金扶持就占用企业股权和享有权力。而政府作为企业投资者进行投资或者政府采购等双方互利互惠的经济活动与具有无偿性特征的政府激励形成鲜明对比；二是政府激励具有条件性。政府激励即企业在满足政府激励支持标准后，企业在如何使用政府激励资金时应遵守政府制定的政府激励使用渠道、使用方式等相关文件规定，在法律范围内合理地使用政府激励资金；三是政府激励具有政策性。企业只有满足国家产业政策、产业发展战略以及政府激励清单中的条件，才有享有政府激励项目的资格。

政府激励在企业研发创新过程中，通常分为直接激励与间接激励。其中，政府直接激励通常采用政府资金补贴、共享技术、人才补充等方式来扶持企业提高其研发水平的形式；政府间接激励包括税收优惠、财政贴息等方式，从事后激励的角度激励企业研发创新。在市场经济平稳运行中，政府通常采用政府补贴与税收优惠两种政策相结合的激励手段，二者相互补充、相机抉择运用，直接影响企业经营活动及效益，激励企业双元创新活动。其中，研发加计扣除政策与政府补贴作为政府间接激励和直接激励的重要内容，在企业研发创新中发挥着重要的作用，因此本书主要围绕这两项政府激励手段对制造业企业双元创新的影响效应进行深入研究。

三、研发加计扣除政策

税收优惠作为政府宏观调控的一种手段，是运用税收政策对符合税法规定的微观经济主体实施研究与开发成本实施加成抵扣、进行税款减免或免征的一种措施，彰显国家对于企业科技创新活动的鼓励。其目的在于促进企业研发创新、配置资源、行业发展等方面进步，推动社会经济稳健发展。作为鼓励企业创新发展的税收减免措施，研发加计扣除政策是指企业在进行新技术、新方法的探索，或是研制新产品时所产生的研究与开发成本，税务部门在核算其应缴税收入额时会在这些实际花费的基础上额外增加一定比例，并将该增加额用于计算减免税收的额度。作为促进企业技术进步的一项重要税收优惠政策，研发加计扣除政策为降低企业研发成本和提升企业创新动力，促进企业投资扩大、科技创新、节能减排和环境保护等发挥了重要作用。

1. 研发费用

研发费用应从以下三个方面进行规范解释：会计核算方面，由《财政部关于企业加强研发费用财务管理的若干意见》（财企〔2007〕194 号）来规范；高新技术企业认定方面，由《科技部财政部国家税务总局关于修订印发〈高新技术企业认定管理工作指引〉的通知》（国科发火〔2016〕195 号）来规范；加计扣除税收规定方面，由财税〔2015〕97 号公告、119 号文件和 40 号公告来规范。

2. 研发费用的费用化支出和资本化支出

研发费用支出的含义是企业在技术创新阶段中所有要素的消耗。依据国家会计准则的规定（《企业会计准则第 6 号》），企业内部开发产生的无形资产，通常要经历开发和研究两个阶段：在研究阶段，其工作一般是具有计划性和探索性的，采取调查分析的目的是为获取和掌握新的知识能力和科学技术。企业在研究阶段产生的研发项目支出费用，应按照当前企业会计准则的规定，在费用发生时计入费用化支出，并计入当期损益；在开发阶段，其工作内容是将研究阶段获得的新知识和技术能力转化为某种开发项目或计划，并通过该开发项目或计划来开发出全新的产品服务或材料部件，以提升商业化运营和经营效率。开发阶段的工作成果产出效率更高，其工作相对更有针对性。在开发阶段中产生的研发项目费用，应当按照当前企业会计准则的规定，在费用产生时，把符合计入无形资产成本的部分进行资本化处理，把不符合资本化条件的费用算作费用化支出，并计入当期损益。

3. 研发加计扣除政策

（1）研发加计扣除政策含义

研发加计扣除政策是税收优惠中的重要政策之一。企业在当期应纳税款所得额中，除了要抵扣企业研发创新费用的实际发生额，还要再加计，如 75％、100％等一定百分比数额对应纳税额进行抵扣。根据《企业所得税法》中关于研发加计扣除政策的规定，针对企业推进新技能、新物品、新服务时发生的科技开发开销中，未转化为无形资本计入当期盈亏的那一部分，应当遵循相关条款执行减除，在此基础上，对研究开发费用实行额外50%的加计扣减；已生成无形资产的部分，则按照该无形资产成本的1.5倍进行分期折旧。根据财税〔2021〕13号文件对制造业研发创新产生的实际费用作进一步规定，自2021年开始，对那些没有转化为无形资产计算进当期财务亏损的成本，应依照真实减除额度为基准，实施一次性额外100%的抵扣；而对于那些已转化为无形资产的成本，则依据无形资产总额的2倍在税前分期摊销处理。

（2）研发加计扣除政策多维测度指标体系

为了更客观全面地测算研发加计扣除政策的实施效果，本书搭建多维的度量指标体系。体系指标包含了研发加计扣除政策的可得性、持续性、强度，以及普惠性。政策的可得性，主要是指企业是否享受到了研发加计扣除政策，以及是否实际追加扣除了研发费用金额，具体表现在研发费用加计扣除金额占企业应纳税款所得额和研发加计扣除政策金额之和的比重；政策的持续性，主要表现在企业当期是否持续享受到研发加计扣除政策，以及企业是否连续响应并使用该税收优惠政策；政策的强度，主要是指享受研发加计扣除政策的企业实际扣除的研发额度，表现在企业当期因享受政策所抵扣的税额占营业收入的比重；政策的普惠性，主要是指研发加计扣除政策适用范围的变化，体现在研发费用加计扣除政策享受的优惠程度。本书从强度、可得性、持续性三个方面出发，采用主成分分析法构建综合指标来衡量研发费用加计扣除政策。

四、政府补贴

政府补贴是最有效和最常见的政府激励方式。政府补贴是政府向微观经济体提供无偿资金支持的财政激励政策，目的是增加企业研发资金，属于社会资源配置的再分配。政府补贴将政府的业绩与企业的创新绩效紧密联系起来，使得企业在研发创新领域能够吸引更多的资金资源，从而降低技术创新的风险和不确定性。其内涵是为实现政府的预期目标，提供给企业资金或以资金的方式予以企业补贴。《新帕尔格雷夫经济学大辞典》关于政府补贴的解释：政府补贴是国家财政部门针对国家相关政策，对符合准入标准的行业、地区、部门、企事业单位提供的津贴和补助。财政部门根据当前国家相关政策来界定政府补贴的对象、资金金额、周期等具体内容。政府补贴作为政府影响实体经济的有效途径，通常被用来促进企业创新发展。政府补贴按照不同的标准分类：从补贴的形式来划分，我国政府补贴可以分为无偿划拨非货币性资产、财政贴息、政府拨款等；按照补贴的选择性来划分，补贴项目可以分为非选择性补贴和选择性补贴；根据补贴预期目标来区分政府的资助种类，包括财政支援资金、生态环境整治资助以及科研开发资金等。在商业机构的创新进程中，政府的财政支援在对于促进企业两方面创新的成长中扮演了重要角色。因此，在探讨企业双元创新的学术研究里，对政府补贴的聚焦研究格外紧要。

政府补贴既能够降低企业创新失败造成的经济损失，又能改善企业外部资金融资困难的局面，是政府干预企业研发创新发展的有效且直接的手段之一。政府补贴有助于解决社会经济发展过程中的一些经济问题，能够调节国家经济，帮助国家有序发展。其作用主要表现在三个方面：第一，促进了企业技术研发创新，推动了产业技术转型，提供了企业市场竞争力；第二，调整了市场不合理的供需结构；第三，促进了市场经济稳定发展，产生了积极的社会影响。

众多文献中有关“政府补贴”的说法称谓有多种，比如“财政补贴”“政府补助”，甚至在同一文献中出现交替使用的情况。尽管称谓略有不同，但因为其作用、定位、数据来源相同，通常认定其没有本质区分。本书对政府补贴与税收优惠两种形式的政府激励进行研究，因此本书所指的政府补贴并不包括税收优惠政策。

第二节　理论基础

一、双元性组织理论

学者 Raisch 等指出“双元性组织”（Organization Ambidexterity Theory）理论，是双元创新研究领域的核心理论基础，它以独特的视角为组织的成长和管理提供了理论指导，吸引了众多学者的研究兴趣，并被认为是未来管理学研究的重要趋势之一。关于“双元性组织”理论最早于 1976 年由学者 Duncan 提出。这样的组织能力既能够满足当前的工作需要，又能有效面对未来的未知困难。对于这样的组织能力，不同学者赋予了不同定义，比如适应导向（adaptation-oriented）、协作导向（alignment-oriented）、增加变异（variation-increasing）、减少变异（variation-reducing）等。随着商界和学术界对“双元性组织”理论日益持续地关注，该理论成为组织领域的研究热点。

March 进行了更为深入的探索与实践，他认为组织在同时进行利用性（explorative）活动和探索性（exploratory）活动是属于组织学习过程的两个范畴，利用性活动聚焦于提高效率、更新、优化、精炼等集合体，倾向于组织现有的活动中精进。此类学习具有较小的风险性和较高的收益性，有利于组织充分利用现有资源，继续满足现有的市场需求，保障组织的平稳发展。探索性活动聚焦于探索、变革、创新、风险等集合体，倾向于对组织现有活动的革新，有利于学习具有前瞻性、导向性的知识技术，不断开发和拓展新的市场需求和客户资源，但为组织带来高收益的同时，往往伴随着高风险。虽然利用性活动和探索性活动侧重不同的工作内容，但二者的平衡对于提高企业竞争力尤为重要。Benner 和 Tushman 两位学者基于前人对于“双元性组织”理论的研究，将“双元”理论与技术创新相结合，提出了“双元创新”的理念。他们指出，双元创新是指企业在创新活动中兼顾好探索式和利用式两种创新模式，旨在保持对新领域探索的同时又能高效地利用现有资源。利用式创新指企业在现有技术水平上不断进行科技知识的改良和提升，以满足当前技术层面和客户市场的需求；探索式创新不仅仅停留已有的科学技术，而是不断开拓技术领域，开发新技术，扩大新的技术层面市场和受众群体。Popadic 和 Cerne 认为双元创新概念在学术领域中被阐述为企业同时推进探索式创新和利用式创新的发展，这两者之间存在一种互相促进的关系。

随着学者们对探索式创新与利用式创新之间协同作用的关注日益增加，这种双元创新的定义方式已经获得了更多的应用。同时，Martin 等研究者采取探索式创新与利用式创新之间的对立或竞争视角来剖析双元创新，他们将双元创新定义为在探索和利用之间寻求平衡的过程，着重于两种创新类型的相互协调和平衡发展。进一步地，Cao 等的研究指出，探索式创新与利用式创新之间存在既对立又统一的动态关系，主张在考虑双元创新时应将这两种创新模式相结合。在企业的技术创新过程中，既需要关注到维度的平衡，也要重视协同效应的发挥，这两个方面对企业的长远发展都有着重要的影响。因此，应当分别从平衡和协同两个角度对企业的发展策略进行深入分析。

根据学者的研究分析发现，利用式创新与探索式创新并非相互对立，而是可以相辅相成，实现一种均衡与和谐的发展，让企业具备同时执行这两种创新策略的能力。这与 Koryak 等、Ceptureanu 等的研究一致。在明确双元创新的概念之后，当前的研究主要分为两个方向：一是关注双元创新作为一个整体对企业发展的影响，例如分析双元创新的平衡性和协同性在企业成长中的作用；二是研究企业如何分别通过探索式创新和利用式创新来实施双元创新，并探讨这两种创新方式在实践中的应用和效果，以便把握同一因素对两者的不同影响，或两者在制造业企业发展过程中的不同作用。考虑到探索式创新与利用式创新之间的差异以及本研究的主要意义，所以采用区分探索式创新、利用式创新的视角进行分析与讨论。在本研究中，双元性组织理论构成了理解制造业企业双元创新影响的核心理论框架，后续章节将以双元性组织理论为主要理论基础，通过理论和实证相结合的方法对政府补助和研发加计扣除政策对制造业企业双元创新的影响进行研究。

二、政府工具理论

政府工具（governmental instruments/tools of government），又称为政策工具（policy instruments）或治理工具（governing instruments）。对政府工具理论的探讨最早出现于 20 世纪 80 年代，学者 Hood 在 1986 年出版的著作《政府工具》，以及其与 Peters 在 1998 年出版的《公共政策工具》等著作，研究和探索了怎样通过政策工具来改进和创新政府治理。Roy Rothwell 和 Walter Zegveld 在其 1981 年的著作《Industrial innovation and public policy：Preparing for the 1980s and the 1990s》中提出了政府工具的三种主要分类：供应导向的政府工具、需求导向的政府工具，以及环境导向的政府工具。著者通过查阅这一研究框架的应用相关文献，明显可以看出，只有当供给型、需求型和环境型的政府工具之间达到一个优化平衡时，才能最大限度地发挥政府工具的影响力。其中税收优惠、政府补贴等政策是比较有代表性的环境创新型政府工具，能够为企业营造活跃的研发创新环境，促进企业新技术、新产品和新服务的利用与探索，从侧面推动企业的利用式创新与探索式创新能力进步。M. Ramesh 在 2006 年出版的《公共政策研究：政策循环与政策子系统》一书中，将政策工具划分为三个主要类别：自愿型、混合型和强制型。而美国学者 Lester M. Salamon 在其 2016 年的著作《政府工具：新治理指南》中对政策工具进行了更细致的分类，将其划分为规制性工具、非规制性工具、开支性工具以及非开支性工具四个大类，并指出了每种工具的行动类型、交付方式、交付系统以及提供公共物品等一系列规则。

政府工具理论是探讨和指导公共政策科学应用的核心理念之一，其内涵与公共管理和行政体制改革等领域研究内容紧密相关。国内学者黄伟梳理国内外关于政府工具的研究，提出政府工具的应用是指导公共政策实施与改善政府管理模式的有效方式。黄红华指出政府工具理论内涵，是将政策思想落实到管理实践，即搭建政策理想与管理行为之间的桥梁。陈振明提出关于政府工具研究的两条基本法则：政策积累法则和公共政策效果递减法则。高凯和刘婷婷以企业生命周期为视角探讨政府工具绩效指标，指出多维的政府工具绩效考核指标体系有能力针对不同阶段的企业生命周期进行调整。聂国良和张成福指出政府工具是政府治理过程中将政策意图转化为具体实践的关键要素，有助于政府达成其预设目标。鉴于政府工具理论丰富的内涵和较强的应用性，在我国公共政策领域和公共管理研究中应用前景广阔。

根据政府职能理念，政府的职责在于通过其财政管理或者预算循环来满足社会公共利益。其中，企业的技术研究和产品创新是推动社会经济持续高效增长的关键因素，这自然成为国家需要关注并参与其中的一个领域；在另一层面，政府有必要合理介入市场功能失调的局面，以优化资源分配效率。鉴于企业创新研发活动具有显著的正向溢出效应，国家推行的有关税收和财政措施能有效弥补市场不足之处。政府通过提供补贴、实行政府采购、给予税收减免等手段，能够有效调动社会资本投向，进而更加有效地促进企业投入研究与开发的创新工作。依托政府工具理念对商业创意活动中的政府职能进行探讨，其核心要义包含两方面：第一，治理手段即政府工具，得以在企业革新的过程中发挥其实操性；第二，这些政府工具本质上保持着动态的优化能力与组合的弹性，其选用不受固定模式限制，也非相互排斥，会随着公共管理领域的变迁而相应调适，并有效结合，共同施行。高效的政策工具在一侧有助于减少企业研发资金投入，降低研究与发展遭遇的风险，让获益的企业无需独自背负研究失败带来的所有负债。另一侧，它能够减缓企业税务的压力，提升企业的现金流动性，为企业运营注入更多资本，这种机制还能正面推动企业未来的研发投资，形成一条良性的发展轨迹。

三、信号理论

信号理论是最早的不完全信息处理方式之一，最早来源于学者 Spence 对招聘市场与信号均衡的概念以及相互影响作用的解释，其对企业技术研发领域影响深远。Spence 通过研究就业市场中求职者劳动能力不确定而带来的工作人员数目模糊的问题，发现企业经营者通过求职者自身可被观察的异质性特征所释放的信号来确定求职者的劳动能力，进一步解决工作人员数目模糊的问题。在企业实际生产经营过程中，企业经营者通过信号的传递确定求职者的个人生产能力，因此发现有效解决逆向选择问题的最佳手段，即信号理论。随着研究的日渐深入，这一理论逐渐演变成信号甄别理论（Screening Model）和信号传递理论（Signaling Model）。两种理论都是处理逆向选择和道德风险的合理方法，但彼此之间是存在差异的，其假设的模型是不同的：信号传递理论的模型是假设信息充分掌握的一方给予信息掌握不充分的一方传递信息，实现帕累托最优的目的；信号甄别理论的模型假设信息掌握不充分的一方准备契约合同来约束信息充分方所传递的信息的真实性，信息掌握不充分的一方具有主动性。之后李颖等将信号传递理论应用到组织管理范畴，用于降低市场信息优势方与弱势方之间的信息非对称性问题，有效缓解市场失衡问题，即企业如何将市场优势信息传递给企业组织内部，进而调整企业经营策略，降低市场信息非对称性带来的不利影响。信号传递理论根据信号的内容可以分为质量信号和意图信号：传递的信号内容不易被企业观测到的信号称为质量信号，易被观测到的行为意图的信号被称为意图信号。

在激烈的市场竞争中，企业、政府、社会投资者彼此之间存在信号传递现象。创新过程伴随着昂贵的探索成本，表现为投资巨大、收益缓慢、风险重大以及高度不确定性等特点。当经营发展过程中，企业内部融资难以支撑技术研发创新时，企业需要社会资本或者政府的资金支持，这时企业可以向外部传递企业生产经营现状、研发创新能力等实际信息，以期获得外界资本或者政府补贴的支持。但由于企业研发创新活动通常具有保密性，以至于企业容易陷入信息不对称的境地：一是外部资本难以获得企业大量真实的信息来判断企业经营发展情况，二是企业为保护知识产权而不愿透露真实的项目研发信息，造成外部资本对采取资金支持抱有消极态度。企业能否获得财税政策的补贴和优惠等有效的资金扶持，即企业向外部释放了企业是否具有可投资价值的信号。采取这种做法，既能减少个人进行投资调研所需的开支，同时也能利用政府的评估机制来增强投资选择的准确性。Montmartinetal 经研究观察到，一旦企业接受政府奖励性扶持，便向投资大众展现企业的优质实力和较高收益这一利好信息。该信息的积极传递减轻了企业内部与市场间信息的不对等现象，因此能够吸引资本市场关注并考虑向该企业提供资金融通支援，帮助企业解决融资困难的问题，使得企业拥有资金进行研发投入。伍健等研究指出，与政府联系紧密、积极响应国家政策号召的企业更容易获得政府补贴政策支持。开拓外部资源与企业信息交流的渠道，有利于提高企业融资能力，进而推进企业研发创新发展。

四、协同创新理论

协同创新理论是在对外开放的基础上，依托共同追求的目的和相互的利益拉近企业及外围机构的距离，强调风险共担和利益共享，然而其成果则充满未知。熊彼特这位现代创新理念的奠基人，将创新定义为技术与经济的融合，并深入探讨了技术革新在推进经济增长中的核心地位。德国的物理科学家哈肯在 1973 年最先阐述了“协同效应”理论。他提出在整体系统内，若其组成部分之间能够相互配合与助力，那么整合后的效应将超越单一部分的累计效能。换句话说，协同创新是指多个参与者在不同领域，如知识、资源和行为等，实现整合与合作，通过知识共享、优化资源分配等方式促进创新要素的整体提升。随着时间的推进，学术界逐步将创新理论与协同理论相融合，进而推出了“协同创新”这一理论。Etzkowitz 与 Leydesdorff 提出了三螺旋创新理论，该理论通过构建一个包含政府、产业和学术研究机构的三方非线性互动模型，打破传统的线性创新模式，为协同创新理论的发展打下了根基。随着全球经济及技术一体化的趋势日益强化，众多不同类型的机构纷纷跻身于创新协作的浪潮之中，这包含了政府机构、大学、研究所、金融组织以及消费者等。因此显而易见，共同创新的根本在于借由政府及机制的规划导向，激励不同经济实体发掘并运用自有长处，联手进行产业技术革新及科学技术成就的转化，其关键是促成知识价值的提升。向海燕和刘欣欣的调研结果显示，政府的财政注资和税务减免措施在激励中国中小型企业共同创新方面扮演着关键角色。柳学信和张宇霖发现，众多的政策手段处在政府的掌握之中，这些政策对企业联合创新时所采纳的路径具有决定性的作用，且在整个创新网络中，政府扮演的角色是企业、学府及研究机构所无法取代的。武辉和朱玉坤经过对我国现有的财政和税收政策在企业研发领域的影响力进行研究之后指出，政府补贴的作用没有税收减免那么显著，并伴有随意性与不一致性的问题。政府在激发企业技术革新动力方面，应有机地发挥政府补贴的事前激励和税收优惠的事后激励效应，持续改善与调整两者的执行政策，并致力于使两者相互支持配合，共同构筑政府激励效应的合力。在当今的经济环境中，政府激励作为调节宏观经济和推动社会经济进步的关键工具，充分利用其在指导市场资源分配中的关键职能。唯有依托高效的市场机制与积极作为的政府的双重驱动，方可激励我国企业在创新成长的道路上迈进。

产学研合作成为同步创新的范例途径，主要创新力量包括企业、大学以及科学研究机构。2012 年，我国教育部启动并实施了名为“高等学校创新能力提升计划”的项目，旨在促进政府、商业实体、学术院所、研究单位等各方深层次的协作，以此提升整个社会协作创新氛围的质量。一方面来看，产学研合作有利于商业实体与学术研究单位进行资源的互补融合，丰富和多样化企业创新活动的资源投入，以应对连续不断、特色的创新需求。况且，整体的协同创新机制能有效地实现资源在参与各方中的优化配置，削减科研过程中资源的无效消耗，实现资源的最大限度利用。另一方面，在时间与精力有限的条件下，参与合作的各方实体能够最大限度地发挥其专业优势，加速科研机构间的知识交流速度，而企业则将这些知识转化为资本的增长。通过持续的“沟通—协调—协同—合作”循环，企业与高校及科研机构之间的信息交流得以加强，这使得企业能够迅速识别研发过程中的不足，并找到最佳解决方案，有效降低创新过程中可能遭遇的失败风险。在产学研合作阶段，企业不但要处理众多市场资讯，同时也需融汇学术与研究机构所贡献的多元知识资源。假如企业没有构建有效的信息采集与处理系统，就会承担较大的信息处理费用，还会减缓企业技术革新的效能。再者，创新项目在开拓阶段经常遭遇较大的不确定性，因此需要在多方面共同强化不确定性的管理。从企业的视角来看，健全的管理体系可以帮助企业构建高效的创新合作平台，平衡各利益主体的目标与收益，规范各相关方在共同创新中的行动，促进互补资源的快速交流，并对风险进行有效管控。所以，企业健全的管理体系不仅是驱动合作与创新的核心元素，也是确保合作顺畅进行及科技成果顺利转化的关键保障。

五、优序融资理论

理想中的资本市场在现实世界中并不存在，因为市场参与者在进行资本交易时必须承担一定的交易费用，同时各个参与方获取信息也存在不均等现象。优序融资理论关注的是企业如何合理安排其资本结构中的融资策略，该理论由 Myers 和 Majluf 于 1984 年提出。在决定融资的具体方式时，企业应当考虑自身的具体状况以及不同融资渠道的成本差异，从而确立一个从优质到劣质的融资优先级序列，并据此挑选出最为理想的融资手段。因此，鉴于企业的风险状况、盈利能力和经营状况等多个方面的不透明性，投资者往往只能通过更高的预期回报率来弥补承担的风险。而对于企业而言，内部融资来源包括但不限于企业的净收益和股东的私人资金等，这类融资方式的最大优势在于其产生的融资成本和交易费用较低。因此，在企业需要资金来支持其经营项目时，通常会优先考虑利用内部资金，并通过这种方式显著降低偿债和支付利息的经济负担，从而确保使用的灵活性和自主性。若企业内部现金不足以满足其资本需要，只能借助外部资金来源。整体融资费用包括筹集和使用资本的成本，而债务融资能享受到税收减免，使得其成本相对于发行股本来说较低，因此税盾作用能够提升企业价值。然而在实际操作中，企业的融资顺序并不总是遵循先债务后股权的常规路径，每种融资方式都有其独特的优势和局限性，因此，企业会根据自身的具体情况和需求，做出最合适的融资决策。

在我国，上市公司对外融资时，股权融资占据了较大比重，成为企业持续创新的重要支撑。其优势主要体现在以下几个方面：第一，筹集而来的资金属于长期稳定、不需定期偿还的类型，企业得到这类资金后能够制定长远的战略规划，促进企业的长远发展。第二，企业免去定期付息的负担，从而不会因追逐短期利润而舍弃那些有潜在价值的计划，此外，企业还能减少非营业性财务成本，并保留充裕的现金流量。第三，当企业的成长态势向好时，便能够引起众多投资人的注意。届时，不管是发行额外的新股或是对现有股份进行资本额外溢价，企业皆有望筹集到更丰富的资金。股权融资也存在几处不足：第一，此举将稀释原股东的持股比率，领导权的分散有可能侵害创业者的权益。第二，出售股份获得资金的成本相对昂贵，导致筹措资金所需支付的费用构成了一项重大的财务负担。债权融资的优点如下：第一，企业的主导权依然稳固，债权人仅定期回收利息和本金，对企业并无掌控之力，因此企业可以依照预定的轨迹持续发展与经营。第二，这一过程既迅速又节约成本。企业进行负债筹资时通常采取向他方贷款或发售企业债等方式，由于在向税务机关上缴税款前即可扣除所支出的利息，因此有助于企业在遵循法规的前提下降低税负。然而，债权融资同样存在着缺陷，主要体现在提高了企业的财务风险。由于债务到期必须归还本金并支付利息，当企业运营陷入僵局或者某项重点项目需要持续资金投入而难以放弃时，企业便可能遭遇偿债能力不足或者需要推迟还债。

企业在集资进行创新和研发工作时，还得额外关注信息的保密工作，确保创新产品或技术不会遭遇泄露以及被抄袭的风险。这种做法导致企业不能对外透露太多信息，加剧了市场与企业间原本显著的信息不对称，投资者也因此难以判断自己可能遭受的损失和企业未来潜在的利润，是以投资者不会简单地对企业投资，这也是企业融资受限的一个关键因素。

第三节　本章小结

本章内容是在前人研究成果的基础上，综合考量相关的理论及实证结果后，对本书所涉及的制造业企业、双元创新、政府激励策略、研发加计扣除政策，以及政府补贴等定义进行了系统性的界定，整理出本研究所依托的理论根基。

理论根基涵盖了双元性组织理论、政府工具理论、信号理论、协同创新理论及企业优序融资理论。这些核心概念的清晰界定和理论框架的梳理，将为后续章节的深层次探讨奠定坚实基础。

第三章　政府激励与制造业企业创新发展历程及现状

本章首先梳理制造业企业创新现状，整理我国激励企业创新的研发加计扣除政策和政府补贴政策的演变过程，并列示各时期研发加计扣除政策和政府补贴的特点与经验教训，据此分析在当前政府激励下制造业企业双元创新存在的问题，为实证分析提供丰富的制度背景和现实依据。

第一节　制造业创新发展现状

一、制造业发展现状

作为世界制造业第一大国，我国制造业增加值比重约占全球的30%，2023年全年制造业规模以上工业增加值同比增长5%，总体规模连续14年位居全球第一。2022年，全国制造业增加值达到333708.5亿元（如图3-1），较上年增长5.41%，总量规模继续扩大。制造业增加值占GDP的比重达27.7%，较上年提高0.15个百分点，连续两年实现稳步回升，制造业拉动经济增长0.8个百分点，压舱石作用进一步凸显。2022年高技术制造业增加值同比增长7.4%，高于制造业增加值增速4.4个百分点，其中装备制造业增加值增长5.6%，对整体工业增长贡献率高达50.3%。图3-1展现了从2012年到2022年间我国制造业增加值占国内生产总值的比例变化，总体呈下降的趋势，从2020年开始，我国制造业增加值占GDP比值才开始逐年增长。与发达国家相比，我国制造业比重下降的时间更为提前，所以应不断利用技术创新来提升制造业产出水平，进一步为我国 GDP 增长作出贡献。

图 3-1　我国制造业增加值及占 GDP 比重

数据来源：《中国统计年鉴》(2013—2023)。

二、制造业创新投入现状

基于当前我国主要创新投入评估指标体系，本节主要选取说服力较高的“制造业 R&D 经费投入强度”和“R&D 经费投入”作为创新投入的衡量标准。在制造业中，R&D 经费投入强度是一个反映科技创新力度相对大小的指标，它可以更全面地覆盖创新的多个方面。这两个指标共同揭示企业在创新上的关注程度、创新动力以及创新能力。就创新投入而言，制造业 R&D 经费投入强度逐年上升，见图 3-2，自 2015 年的 0.97%逐步增加至 2019 年的 1.45%，再到 2022 年末达到 1.55%，2015—2022 年的经费投入强度年平均增速为 7.14%，其对应的制造业研发（R&D）经费投入从 2015 年末的 9650.0 亿元增长至 2019 年末的 13 538.5 亿元，在 2022 年末达到 18 619.6 亿元，2015—2022 年的研发投入年平均增速为 9.86%，R&D 经费投入逐年稳健上涨。政府对制造业企业研发投入经费持续上涨，反映了在激励政策支持和鼓励的背景下，制造业企业的研发力度随之加大，越来越重视研发部门创新的工作效率，投入更多的营业收入来支持技术创新。

图 3-2　规模以上制造业创新 R&D 经费投入与制造业研发强度

数据来源：根据中国统计年鉴、全国科技经费投入统计公报的数据绘制。

通过图 3-3 可以看出，我国制造业企业的研发人员数量逐年上升，研发人员数量从 2016 年的 2 702 489 人增加到 2021 年的 3 826 651 人，其年平均增长速度达到 7.26%。制造业企业研发部门汇集越来越多高科技研发人员，企业的研发部门规模不断壮大，提高了企业研发成果的水平，进而促进企业对技术研发环节的重视，也侧面反映出国家对企业创新的激励政策发挥了科技助推的作用，企业创新能力提升的背后离不开政策对企业研发持续的投入。2022 年，我国研发经费投入总量已突破 3 万亿元，占 GDP 的比重也不断提升，2022 年已上升至 2.5%（1996 年时仅为 0.6%），较 2021 年提升了 0.1 个百分点。

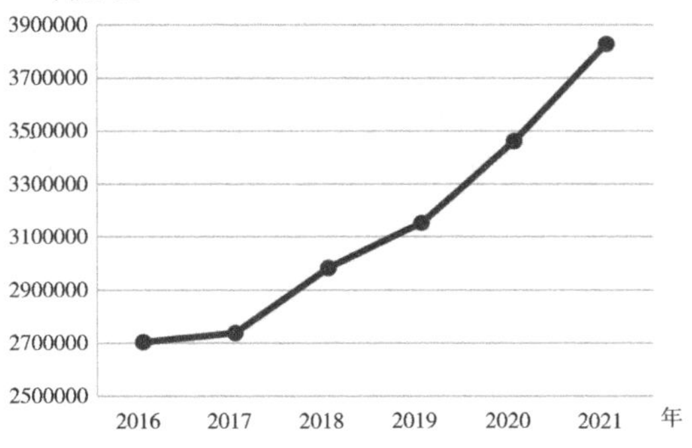

图 3-3　2016—2021 年制造业研究与试验科研人员

数据来源：国家统计局。

三、制造业创新产出现状

近些年来，我国制造业愈来愈重视自主创新能力的发展，并且不断取得丰富的创新成果，中国制造逐渐向中国创造迈进。在我国的专利应用中，制造业企业申请的实用新型和外观设计专利通常研发周期较短，创新性有限，因此其研发价值往往较低。而发明专利申请数量则能清晰地反映出企业创新产出的发展趋势。故本章选取发明专利申请数和企业新产品销售量来对创新产出进行衡量。如图 3-4 所示，我国制造业企业的专利申请数量在 2016 年为 715 397 件，专利申请数量逐年稳步提升，发展到 2021 年专利申请数量达到了 1 403 611 件，年平均增长率为 14.5%，说明在政府政策的激励和企业加大研发投入力度的作用下，企业积极进行产品研发创新，不断试验和发展新的技术和产品，企业创新能力的加强又反向助推政府提高政策激励的力度，形成一个正向的良性循环，推动国家整体创新能力的提高。

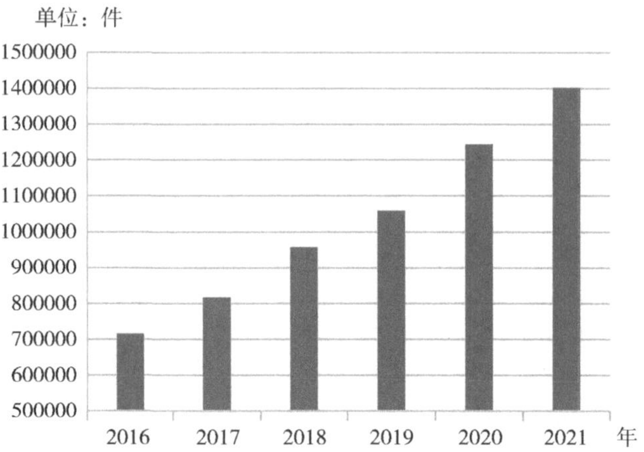

图 3-4　2016—2021 年制造业企业专利申请数量

数据来源：国家统计局。

近几年制造业企业专利申请数量的稳步提升体现了企业创新意愿和创新能

力的进一步发展，而制造业企业新产品销售收入的快速提高则反映出企业创新产出质量的稳健进步。如图 3-5 所示，2016 年我国制造业企业的新产品销售收入为 17.5 万亿元，数额逐年稳步提升，尤其是在 2021 年增速迅猛，达到 29.6 万亿元，相较于 2018 年提高了近 50%。

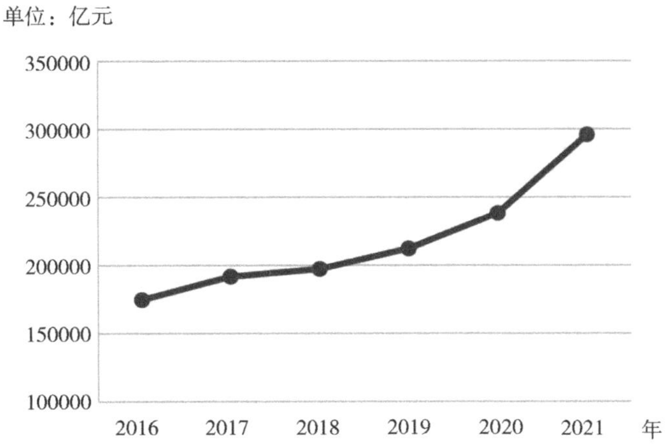

图 3-5　2016—2021 年制造业企业新产品销售收入

数据来源：国家统计局。

尽管制造业企业内部创新水平存在差异，但总的来说其他子行业也保持逐年增长的趋势（见表 3-1）。食品制造业在 2017 年的有效发明专利数为 9344 件，经过多年来在研发创新活动中的投入，在 2021 年为 18 262 件，增长幅度达到了 95%。汽车制造业在 2017 年的有效发明专利数是 45 168 件，在 2021 年达到 80 855 件，增长了 79%。计算机、通信和其他电子设备制造业，电气机械和器材制造业，专用设备制造业在制造业子行业中有效发明专利数排名连续多年保持前三。其他制造业子行业的专业数也在逐年上涨，说明近年来我国制造业各子行业创新投入水平的提升和研发创新管理过程中的规范化促进企业研发产出效率的提高。

表 3-1 我国部分制造业子行业有效发明专利数 单位：件

制造业子行业	2021 年	2020 年	2019 年	2018 年	2017 年
农副食品加工业	16668	13432	10805	9524	8657
食品制造业	18262	15095	12303	10906	9344
纺织业	17434	15444	11897	10822	8320
家具制造业	7556	6653	7178	6546	4085
造纸和纸制品业	9329	7941	6608	6091	5027
印刷和记录媒介复制业	9996	7731	6462	5284	3792
化学原料和化学制品	86796	75728	65333	61451	54262
医药制造业	64511	56784	47910	45766	41673
通用设备制造业	128191	115282	91608	78732	65982
专用设备制造业	140623	130208	107509	97839	81588
汽车制造业	80855	71478	62403	57360	45168
电气机械和器材制造业	191831	167931	143142	136014	109179
计算机、通信和其他电子设备制造业	496094	402244	340117	300369	274170

数据来源：《中国统计年鉴》。

第二节 研发加计扣除政策发展现状与困境

一、研发加计扣除政策历史演变

为了有效推广和落实研发加计扣除政策，财政部、国家税务总局联合发布了《财政部国家税务总局关于促进企业技术进步有关财务税收问题的通知》（财工字〔1996〕41 号），首次对政策进行了探讨和明确规定。自 1996 年政策出台以来，持续颁布了若干项研发加计扣除政策有关政策，从制度上保障创新型企业的发展与建设。表 3-2 呈现了研发加计扣除政策相关政策的演变发展。

研发加计扣除政策发展和演变进程可划分为五个时间阶段。第一个阶段是从 1996 年研发加计扣除政策出台开始的。当时第一个文件明确界定了研发加计扣除政策的问题，但是福利范围极为有限，仅限于国有和集体工业企业，并要求其增长率达到 10%；第二阶段从 2003 年出台扩大政策适用范围的文件开始的。政府积极鼓励不同类型的企业从事科技研发活动，2006 年出台文件将政策优惠主体进一步扩大，将财务会计制度健全、税务审计良好的国内外企业、科研场所、高等院校等机构扩充到研发加计扣除政策适用范围内；第三阶段，2008 年从立法角度确立了研发加计扣除政策，之后为促进政策平稳落实而制定了《企业研发费用税前扣除管理办法（试行）》，将符合《当前优先发展的高技术产业化重点领域指南》和《国家重点支持的高新技术领域》的企业纳入研发加计扣除政策的适用范围，研发加计扣除政策在这一时期起开始步入系统化、规范化的道路；第四阶段是自 2013 年起逐步扩大政策试点规模，直至覆盖全国。2015 年推行了负面清单制度，进一步拓宽研发加计扣除政策的纳入范围，增强了政策的包容性和适用性；第五阶段是以原有的企业加计扣除为基准，对政策进行了进一步强化。从 2017 年开始，将科技型中小企业研发加计扣除政策比例从 50%提高到 75%。自 2018 年起，政策适用范围由科技型中小企业扩大到所有企业。为持续激励企业加大研发创新力度。从 2021 年起，研发费 100%加计扣除比例适用于所有制造业企业，有效激励企业开展技术创新活动。从 2022 年起，我国科技型中小企业将享受到 100%的研发加计扣除政策比例，并允许企业在每年 10 月报告期内提前申报，享受前三季度研发费用加计扣除优惠待遇。在过去政策发展的基础上，《关于进一步完善研发费用税前加计扣除政策的公告》（2023 年第 7 号）进一步提高了激励力度，将符合条件的行业企业的加计扣除比例从 75%提升至 100%，并确立为一项长期的制度性安排。

从我国研发加计扣除政策的逐步完善与调整中，可以看出这一政策始终根据国家宏观经济发展态势和阶段性技术进步的需要进行优化。随着市场开发水平的不断提升，创新研发的焦点已经从原先的少数国有企事业单位扩展到了包含私营、外资等多种所有制在内的企业，创新研发领域正逐渐偏向于高新技术产业，政策支持的企业范围也在逐步扩大，企业能够享受的税收减免优惠力度也在不断增强。

表 3-2 研发加计扣除政策发展历程

时间	颁布主体	政策文件	主要内容
1996 年	财政部、国家税务总局	《财政部国家税务总局关于促进企业技术进步有关财务税收问题的通知》(财工字〔1996〕41 号)	首次明确了研发加计扣除政策的相关问题
1996 年	国家税务总局	《国家税务总局关于促进企业技术进步有关税收问题的补充通知》(国税发〔1996〕152 号)	明确和细化了政策执行依据
2003 年	财政部、国家税务总局	《关于扩大企业技术开发费加计扣除政策适用范围的通知》(财税〔2003〕244 号)	研发加扣除政策适用范围扩宽到“所有财务会计制度健全、所有制实行企业所得税稽核征收的行业”
2004 年	国家税务总局	《关于做好已取消和下放管理的企业所得税审批项目后续管理工作的通知》(国税发〔2004〕82 号)	纳税人应当自行申报和扣除
2006 年	财政部、国家税务总局	《财政部国家税务总局关于企业技术创新有关企业所得税优惠政策的通知》(财税〔2006〕88 号)	进一步扩大研发加计扣除政策的适用范围至“财务会计制度健全、实施审计和税收的内外资企业、科研机构、高等学校”
2008 年	国务院	《中华人民共和国企业所得税法》	确立了研发加计扣除政策在立法上的地位
2009 年	国家税务总局	《国家税务总局关于企业所得税若干税务事项衔接问题的通知》(国税函〔2009〕98 号)	对新旧税法的变化事项进行调节衔接
2013 年	财政部、国家税务总局	《关于研究开发费用税前加计扣除有关政策问题的通知》(财税〔2013〕70 号)	政策试点推广落实至全国

续表

时间	颁布主体	政策文件	主要内容
2015年	财政部、国家税务总局和科技部	《关于完善研究开发费用税前加计扣除政策的通知》（财税〔2015〕119号）	政策将更多类型的研发项目和企业纳入支持范围，同时提高了研发资金的上限。此外，为了明确不应享受政策支持的企业范围，相关部门推出了企业负面清单制度
2017年	财政部、国家税务总局、科技部	《关于提高科技型中小企业研究开发费用税前加计扣除比例的通知》（财税〔2017〕34号）	政策将对科技型中小企业适用的研发加计扣除政策比例从原先的50%提升至75%
2018年	财政部、国家税务总局和科技部	《提高企业研发费用税前加计扣除比的通知》（财税〔2018〕99号文）	将所有企业的研发费用加计扣除比例上调至75%
2021年	财政部和税务总局	《关于进一步完善研发费用税前加计扣除政策的公告》（财税〔2021〕13号）	提高制造业企业享受研发加计扣除政策比例至100%
2022年	国家税务总局	《财政部税务总局科技部关于进一步提高科技型中小企业研发费用税前加计扣除比例的公告》（2022年第16号）	提高科技型中小企业享受研发加计扣除政策的比例，由原来的75%提高到100%
2023年	财政部和税务总局	《关于进一步完善研发费用税前加计扣除政策的公告》（2023年第7号）	只要企业满足研发加计扣除政策的条件并且不在负面清单上，即能够享受到100%的研发加计扣除政策比例

表 3-3 研发加计扣除政策现状

享受主体	除了烟草制造业、租赁和商业服务业、住宿餐饮业、娱乐业等以外的行业企业，都符合享受优惠的条件
优惠内容	自 2023 年 1 月 1 日起，对于那些尚未形成无形资产且未计入当期损益的企业研发费用，在已按相关规定进行扣除的基础上，允许企业在税前对其额外增加 100％的加计扣除，企业所形成的无形资产，其摊销额可按成本的 200％在税前进行扣除。上述政策将作为长期的制度安排予以实施
享受条件	1. 该政策适用于那些具备完善会计体系、遵循审计程序并且能够准确收集研发费用数据的企业 2. 企业通过系统活动获取新的科学技术知识、创造性地应用新的技术知识，或者大幅改进现有技术和服务所发生的相关费用，可以根据享受研发加计扣除政策待遇 3. 企业在核算研发费用时，应遵循国家财务会计制度；以研发项目为基准，对满足加计扣除要求的研发费用设立辅助账户，归集并核算当期加计扣除的实际研发费用 4. 企业需建立健全的核算体系，将研发成本与日常运营成本区分开来，确保每项费用的准确归属。如果费用分类不明确，企业将无法享受到研发加计扣除政策的优惠 5. 当企业委托个人或外部机构进行研发工作时，所产生的相关费用，委托方可以按照实际发生费用的 80％计入自身的研发成本，并且在计算应纳税所得额时对这些成本进行加计扣除 6. 企业联合成立的项目，应分别计算扣除各合作方的实际研发费用

二、研发加计扣除政策实施的评价标准

研发加计扣除政策对市场经济的影响程度，受政策持续性、力度和覆盖范围的影响，同时也受限于激励措施的具体形式。因此，在税制结构不断优化的背景下，研发加计扣除政策具有三种相关联的评价标准。在实证章节中，关于研发加计扣除政策的解释变量将参考以下评价标准进行量化，然后采用主成分分析法构建综合指标。

1. 研发加计扣除政策的强度

研发加计扣除政策在实际执行过程中，既可以有效降低企业研发创新成本，还能减轻企业税务负担，在最大程度上将企业创新风险和非确定性限制在一定范围内，提高企业创新收益，激励企业加大创新投入力度。也就是说，研发加计扣除政策对企业的优惠力度越强，企业的创新积极性越高。2023 年国家税务总局秉承要不断提高税收优惠力度的发展趋势，继续将制造业、高新技术企业的加计扣除比例保持在 100%的同时，进一步扩大享受范围，要求除负面清单外所有符合加计扣除政策标准的企业均可按 100%享受研发加计扣除政策，进一步激励企业研发创新。因此，企业创新投入的主动性随着政策力度的加大而提高。

2. 研发加计扣除政策的可得性

企业的政策可得性指的是企业在符合行业标准的基础上，能享受政策的难易程度。在判断研发加计扣除政策实行所发挥的效果时，不仅考虑政策扣除比例的强度和力度是片面的，还应考虑企业能否充分享受政策带来的优惠。企业当期营业收入水平会影响企业享受研发加计扣除政策的主动性和积极性，当期营业收入越高，企业越积极主动地享受加计扣除政策。由此推断，如果企业当期研发过程中发生的研发加计扣除费用在当期期末未完全冲抵，表明企业未充分享受研发加计扣除政策带来的效益，意味着政策的可得性较低。但当期加计扣除费用在期末全部冲抵，则表明企业已充分得到研发加计扣除政策带来的利益，意味着政策的可得性较高。政策的可得性越高，企业就越能利用政策红利抵消更多的税收成本，以此来提高企业创新投入，促进企业创新产出率。

3. 研发加计扣除政策的持续性

企业的政策持续性指的是，政策可以一直实施和改进，朝既定政策目标发展，并通过持续的政策调整，稳健应对宏观经济环境和微观企业经营周期的变化。当前我国税收优惠体系比较健全，但不同税收减免政策在执行过程中的周期是存在区别的，有临时性、短期性、长期性的税收减免政策。研发加计扣除政策是一项以法律形式确立的长期制度，它不断为企业研发活动提供充分的便利，并且长期为经济主体构建一个鼓励自主创新的政策环境。所以，研发加计扣除政策的持续性意味着企业能够长期享受政策带来的优惠。企业对这一政策的持续享受越稳定，就越能确保在研发上的持续投资增长。这有助于加速企业新产品或新技术的研发进程，最终让企业在特定技术领域取得技术优势，从而提升企业的生产效率和经营收入。

三、研发加计扣除政策面对的困境

研发加计扣除政策的实施流程愈发简化，优惠幅度不断提升，在降低企业研发成本，增加企业研发投入方面发挥了重要作用。政策的覆盖范围不断扩大，减免力度的逐步提高，使越来越多的企业享受到了研发创新带来的优惠，促进了政府研究与试验发展（Research and Experimental Development，后文缩写为R&D）经费不断增长。随着我国制造业企业技术创新的持续进步，对R&D经费的投入比例和创新产出的效率要求也在不断提高，这使得相关政策中一些不合理之处变得更加突出。

1. 政策优惠力度、竞争力不足

近几年，我国研发加计扣除政策的扣除比例不断提高，在2008年加计扣除比例为50%，到2017年上调为75%，再到2021年制造业企业扣除比例上调到100%，以及2022年高新技术企业上调到100%，随后在2023年除负面清单企业外，符合标准的企业加计扣除比例都能享受100%的比例，比例上调的时间间隔越来越短，这在一定程度上说明了国家对于政策的研发激励作用非常关注，但与国外科技、经济较发达的国家相比，扣除的比例仍有很大提升空间，比如英国、新加坡等发达国家的制造业研发扣除比例都达到了200%以上，在扣除力度上不具备国际竞争力会导致研发激励效应受阻，在技术创新领域很难追赶上发达国家的研发水平。在综合考量经济水平与研发能力的基础上，进一步提高制造业企业研发费用加计扣除的比例，将有助于减轻企业的研发成本和降低风险，吸引社会资本的投入，增加企业的研发支出，并激发企业的创新动力。

2. 研发认定存在操作空间

研发加计扣除政策确立了明确的费用认定规则，并且这些规则正在不断完善之中。尽管如此，由于企业研发费用的种类繁多，收集这些费用时往往需要依赖大量的主观判断，这可能会导致企业操纵数据以达到特定目的。其中一个问题是，在研发创新活动的认定上，存在专业知识障碍。在认定过程中，税务机关和外部审计单位通常会依据企业提交的“研发项目批准报告”等文件来做出相应的判断。企业创新项目的“创新性”没有清晰界定，实现“实质性审查”有一定难度。另一个问题是，享受这项政策的过程已经从研发项目的预评估过程转变为税务部门对企业研发活动的后续监督和管理的过程。尽管这样做有助于提高政策的便捷性，但也增加了在审计过程中人为操纵研发成本的风险。

3. 政策缺少对研发主体的区分和评级

当前研发加计扣除政策支持除负面清单以外所有符合标准的企业，这些企业均可享受税前100%加计扣除比例。从研发主体角度出发，企业由于其规模和种类的不同，其研发能力和创新需求存在差异，而政策在制定和执行过程中没有充分考虑到企业自身差异性，无法做到与所有企业研发创新相适配，研发水平较低和研发规模较小的企业相较于高科技企业更需要有针对性的政策支持。统一的扣除比例使不同的企业实际享受到的政策支持出现差异，无法体现对研发创新活动质量的评级和区别，也无法体现对高质量研发创新企业的引导和重视，还可能进一步扩大企业创新产出水平的差距，使行业整体创新发展失衡。在许多发达国家，研发加计扣除政策的实施通常伴随着多种扣除比例的规定。这些国家特别为关键研发企业提供了优惠的扣除比例，同时综合考量了绝对数量和增量法，采用多层次的税收抵免政策。而我国统一的扣除比例政策会影响政策的研发激励效果，应适当提高关键技术领域企业研发创新扣除比例。

4. 缺少对企业研发经费合理使用的引导

依据研发加计扣除政策，负面清单外的企业只要发生了符合政策标准的研发费用，不用区分企业对于政府R&D经费投入的方向，就可享受到统一的税前加计抵扣的优惠。基础研究相比应用研究和试验发展研究，其研发周期更长、研究风险成本较大，导致企业更愿意将研发经费投入应用研究和试验发展研究中。因此，我国当前的研发经费投入结构存在不合理之处，基础研究的经费投入占R&D总投入的比例长期维持在5%左右，与此同时，试验发展和应用研究的经费投入占比却长期超过85%。在R&D经费支出规模不断扩大的趋势下，这种状况将进一步加剧研发资源的不平衡。基础研究在研发创新过程中，是关键核心技术的根基，决定了创新能力的上限。因此，对企业研发创新项目采取同一水平的扣除力度，容易导致政策促进很多非核心技术创新投入水平的提高，而忽视对核心技术创新的激励，不利于国家引导企业研发经费使用方向，不利于吸引社会资本投资到更核心的基础研究领域，阻碍国家基础研究领域创新水平的提升，进一步加剧我国研发创新领域里重数量轻质量的现象。

第三节　政府补贴发展演变与现状

一、政府补贴发展演变

中国的政府补贴主要经历了三个重要的阶段：第一个阶段是 1978 年至 1990 年重建科技创新体系的时期。第二个阶段是 1991 年至 2005 年引进、消化和吸收的再创新阶段。第三个阶段是 2006 年至今的自主创新阶段。

1. 1978 年至 1990 年的政府补贴政策

该时期，我国进入科技创新体系重建阶段，“科学必须为经济建设服务”成为该阶段的指导方针。为了将科技创新与经济发展有效结合起来，政府颁布了多项将市场经济的竞争机制引入科技创新领域的政策。这一举措标志着中国科技创新体系从计划经济向市场经济的重要转变，逐步建立了一个以市场需求为导向的创新体系。在这个转型期，政府补贴政策显示出计划经济与市场经济双重体制的特点。这些政策既包含有计划经济体制下的指令性特征，也体现了市场经济体制下的激励性特征。这种政策的特点为科技创新体系的重建提供重要的支持和保障。

在实行市场经济之前，政府集中掌握国家的科技资源管理权限，造就了一个以中国科学院为中心，联合政府部门、科研机构和高校共同组成的计划时期研发体系。在这个体系下，政府补贴并未通过市场机制来激发企业的创新，而是以直接资金投入的形式流向上述单位。在资源短缺的情况下，尽管上述体系获得了一定的科技突破，但其经济计划性质决定了企业经济技术互动不足，技术创新受制于外部，自身的创新潜能难以被有效地激发出来。伴随改革开放的全面深化，上述弊端逐步暴露。1985 年，以我国发布的《关于科学技术体制改革的决定》为起点，中国开始引入市场竞争机制，对科技创新体系进行重建。首先，在 1986 年拨款制度改革后，科研机构的经费来源不再完全来自行政事业经费的直接补贴，而是依靠研究层次和其成果转化能力提供的政府补贴。同时，政府补贴注重向从事基础性研究和显性公益性研究的机构倾斜。此外，中国开始注重市场对科技资源配置的调控作用，放宽相关制度限制，具体表现主要有两种：第一种，提倡科研机构及人员与企业进行合作，变相将流向科研机构的政府补贴逐渐转向企业。第二种，政府开始尝试以申请基金激励项目的形式运用市场激励方式发挥政府补贴的创新激励作用。

在这个转型期，政府采取的措施展现出了一种过渡性的特点，旨在保证科技创新体系变革的平稳进行。以 20 世纪 80 年代末的经济挑战为例，政府通过减少三分之二的直接补贴，通过行业基金和贷款等间接方式给予科研单位支持，协助那些资金紧张的机构应对财务困难。但是，随着经济状况的好转和政府对科技创新政策不断地摸索与调整，中国正逐步在科技创新体系中实现市场竞争原则的全面融入，政府补贴激励企业创新的政策实现由原来的直接财政资助转变为运用市场机制策略的调整。

2.1991 年至 2005 年的政府补贴政策

该时期，中国正处于一个聚焦于引进技术、消化吸收再创新的发展阶段。科技创新体系经过初步的重建之后，中国迫切需要提升科技创新的效率。为了缩小科技创新发展滞后的劣势，政府实施了一系列补贴政策，并与税收减免政策相结合，成功吸引了许多技术密集型外资企业来华投资。这些外资企业的到来为中国带来了大量的国际资本、前沿技术和管理知识。除了吸引外资，政府还通过提供补贴，激励国有企业引进国外先进的设备和生产技术，为中国科技的进步提供坚实的后盾。

随着中国社会主义市场经济体制的不断完善，1996 年国务院发布《关于“九五”期间深化科技体制改革的决定》，强调企业是创新活动的中心。这一政策层面的确立，使企业成为政府补贴的主要受益者。同时，政府在政策层面持续推动科研机构向企业化方向发展。在 1999 年，众多部门，如内贸局、机械局所属的科研机构，经历了体制改革，转型为科技企业。这一变革有力地促进了以企业为核心、以市场为导向的创新体系的建设。

为了提高我国工业的整体水平，培养有竞争力的企业队伍，政府将补贴政策的重点放在加强关键企业和提升基础行业技术实力上。当时，补贴明显更侧重于大型企业，目的是集中力量推动这些企业的成长。此外，政府还对农业、能源、交通等关键基础行业实施补贴，目的是增强产品的供应能力。为了刺激企业创新的快速发展，政府于1991年发布了《关于深化高新技术产业开发区改革与推动高新技术产业发展的决定》，创建高新技术产业开发区，并提供一系列优惠政策，包括政府补贴和税收减免，以支持开发区内高新技术企业的成长。从1993年开始，科技管理部门对高新技术企业进行认证，同时，地方政府也参与评估企业技术中心，这些评估结果将成为分配政府补贴的关键因素。

3.2006年至今的政府补贴政策

从2006年开始，中国进入了以自主创新为主导的新时代。2006年，国务院发布了《国家中长期科学和技术发展规划纲要（2006—2020年）》，明确指出生物科技、信息科技、新型材料科技等将成为未来十五年发展的核心领域，并将这些领域作为政府补贴的重点。为了确保在未来科技竞争中企业能持续处于领先位置，企业独立创新变得至关重要。2010年，我国政府强调了迅速培养和推进战略性新兴产业的重要性，并建立起了一个以国家科技重点专项项目为中心、战略性新兴产业发展专项资金为辅助的政府补贴体系。2016年，政府发布了《国家创新驱动发展战略纲要》，明确未来三十年内创新驱动发展的目标、原则和核心任务。这一政策规划与国家级政府补贴政策相辅相成，并将高新技术企业认证的范围扩展到了科技型中小企业。

通过梳理我国制造业企业研发创新促进的政府补贴政策，可以观察到以下几个特点：第一，由国务院进行“顶层设计”后，工业和信息化部（工信部）、科学技术部（科技部），以及财政部负责出台具体政策。工信部主导研发创新试点和创新示范基地的建设工作，科技部负责支持企业的研发和创新活动，以营造有利于研发创新的环境，而财政部则专注于技术成果转化和企业创新投资的政府补助，包括资金的具体安排。这三个部门的协同管理，有助于提高地方政府科技发展资金的利用效率；第二，政府补贴政策聚焦于先进制造业企业，优先资助专注于研发和创新的高端制造业企业，是促进制造业高质量发展的重要策略，通过政府的补贴政策，可以加速整个制造业的创新步伐；第三，政府补贴主要通过科技项目（基金、专项等）的支持来体现，这有助于推动科技专项计划管理改革，确保资金利用的效率和质量得到提高。

二、制造业政府补贴现状

制造业技术创新具有正外部效应。政府应及时出台有效的激励与干预措施，促进制造业企业研发能力的提升，防止企业技术研发出现“搭便车”行为。政府通常通过向制造业企业提供补贴来鼓励企业进行研发创新和设备更新投资，从而促进地区制造业的技术创新能力提升。各地级市为了鼓励企业加大研发投入，纷纷制定了相应的补贴措施。例如，成都市政府对重点监测的企业，根据其每年实际投入研发的费用，提供相应的补助。具体来说，当这些企业的研发经费每增加 3000 万元时，市政府将提供 100 万元的补助，企业在一个年度内所能获得的最高补助金额是 1000 万元。① 长沙市鼓励企业采购设备、软件开展智能化技术改造，并对符合条件的企业给予不超过设备、软件采购额 10％的补助，补助总额不超过 200 万元，鼓励企业推动 5G、工业互联网、数字孪生、大数据、人工智能、区块链等新技术与先进制造技术的深度融合，并优先推荐申报国家级智能制造优秀场景，对认定的国家级智能制造优秀场景，一次性给予 50 万元的奖励，其中国家级、市级应用场景按照就高不重复、晋级补差原则给予奖励。② 各地市在考虑本地经济发展水平的基础上，结合自身财政能力，也都推出相应的补贴政策。

根据 wind 数据库统计，根据 2022 年不同制造业行业的政府补贴额以及占制造业总体政府补贴额的比重数据，绘制表 3-4。根据数据，计算机、通信和其他电子设备制造业获得的政府补贴额最多，为 368.79 亿元，约占制造业总体补贴额的 23.87％，汽车制造业和电子机械及器材制造业获得的政府补贴额位列第二、三位，分别为 200.01 亿元和 193.47 亿元，约占制造业总体补贴额分别为 12.95％和 12.52％。该表在一定程度上反映出政府补贴对不同制造业行业的侧重性不同，排在前几位的均为科技要素密集程度较高的制造业企业，说明政府较为重视科技含量较高的制造业企业。

---

① 《成都市人民政府关于印发成都市支持制造业高质量发展若干政策措施的通知》（成府规〔2023〕2 号）。

② 《长沙市支持国家智能制造先行区创建若干政策（试行）》长政办发〔2023〕16 号。

表 3-4　2022 年各制造业行业政府补贴额及所占比重

行业代码	行业名称	政府补贴（亿元）	占比（%）
C39	计算机、通信和其他电子设备制造业	368.79	23.87
C36	汽车制造业	200.01	12.95
C38	电气机械及器材制造业	193.47	12.52
C35	专用设备制造业	104.77	6.78
C27	医药制造业	99.68	6.45
C26	化学原料及化学制品制造业	88.28	5.71
C34	通用设备制造业	52.55	3.40
C37	铁路、航空航天和其他运输设备制造业	51.23	3.32
C28	化学纤维制造业	51.08	3.31
C30	非金属矿物制品业	47.02	3.04
C32	有色金属冶炼及压延加工业	46.52	3.01
C31	黑色金属冶炼及压延加工业	33.20	2.15
C14	食品制造业	32.05	2.07
C13	农副食品加工业	29.84	1.93
C33	金属制品业	27.77	1.80
C29	橡胶和塑料制品业	23.90	1.55
C15	酒、饮料和精制茶制造业	17.30	1.12
	其他制造业	77.53	5.02

数据来源：wind 数据库。注：其他制造业是由占比小于 1%的制造业汇总而成。

制造业的政府补贴总额也在逐年稳步增长，通过图 3-6 可以看出，2010—2022 年政府对制造业补贴总额有迅猛增长趋势，年平均增长率达到 28%，其中 2010 年政府补贴额为 151.85 亿元，2022 年增长到 1545 亿元，是 2010 年政府补贴额的 10 倍多。政府对制造业补贴数额逐年快速增长，因此，深入研究政府补贴对制造业企业研发创新有重要现实意义。

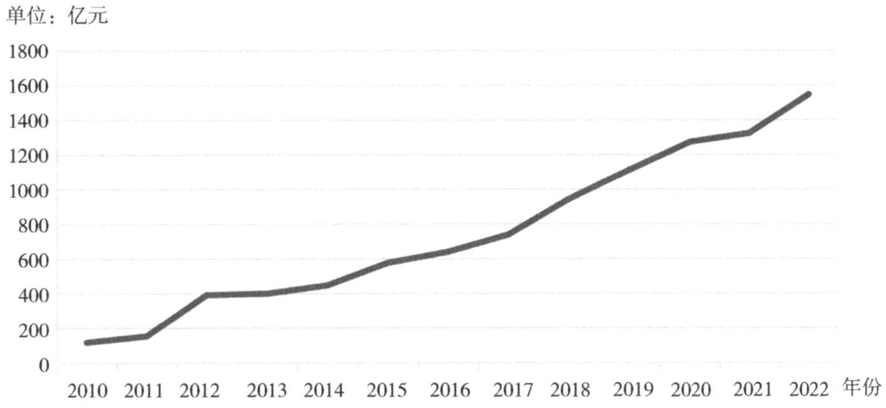

图 3-6　2010—2022 年制造业政府补贴变化趋势

数据来源：wind 数据库。

政府补贴可以减少制造业企业创新的研发成本投入，有效降低制造业企业研发成本，并能发挥优质信号传递的作用，令社会金融资源感受到政府对制造业技术革新的支持，帮助高研发投入的制造业企业进行更多的招商引资，拓宽制造业企业创新的外部融资渠道，及时供应制造业研发创新所需的资金，提高制造业企业创新产出的效率和质量。表 3-5 列举了一些地方政府对制造业企业研发创新具有激励作用的现行地方政府补贴政策。从表中可以看出，各地区政府对于制造业企业整体研发创新能力的重视程度较高，积极鼓励企业勇于创新、积极探索、研发自主创新技术，能够极大地提高当地制造业企业的自主创新能力。

表 3-5　鼓励制造业研发创新的政府补贴政策列举

政策文件	具体激励制造业创新的内容
成都市颁布《成都市人民政府关于印发成都市支持制造业高质量发展若干政策措施的通知》（成府规〔2023〕2 号）	根据企业年度实际研发经费投入，市重点监测企业按每增加 3000 万元给予 100 万元补助，年度最高补助 1000 万元； 根据企业年度实际研发经费投入，专精特新企业按每增加 200 万元给予 20 万元补助，年度最高补助 500 万元

续表

政策文件	具体激励制造业创新的内容
滁州市颁布《滁州经济技术开发区支持先进制造业加快发展若干政策》滁开发管〔2023〕14号	对上年度全市纳统研发经费支出前100名企业，给予新增研发投入部分最高3%的奖励，最高奖励不超过100万元； 对上年度纳统研发经费支出占营业收入比重超10%的企业，给予新增研发投入部分最高5%的奖励，最高奖励不超过100万元
长沙市颁布《长沙市支持国家智能制造先行区创建若干政策（试行）》的通知长政办发〔2023〕16号	鼓励企业采购设备、软件开展智能化技术改造，对符合条件的企业给予不超过设备、软件采购额10%的补助，补助总额不超过200万元； 鼓励企业推动5G、工业互联网、数字孪生、大数据、人工智能、区块链等新技术与先进制造技术的深度融合，在设计、研发、生产、仓储、质量管理、安全管理等环节，打造一批智能制造典型应用场景
合肥市颁布《2023年合肥市促进经济发展若干政策实施细则（先进制造业）》合经信法规〔2023〕155号	通过“竞争赛马”等方式，对产业共性技术瓶颈项目给予30万元—200万元支持； 对规模以上工业企业技改项目投资500万元以上的，按生产设备投资额的15%给予最高2000万元补贴； 对规模以上工业企业技改项目投资500万元以上的，按生产设备投资额的15%给予最高2000万元补贴
郑州市颁布《郑州市进一步加强制造业高质量发展若干政策》郑政〔2023〕23号	推广应用“三首”产品。支持企业加强创新，推动产品品种、规格、技术参数、功能等实现重大突破，掌握自主知识产权，积极推广应用首台（套）重大技术装备、首批次新材料、首版次软件“三首”产品，分别按照相关政策给予支持

资料来源：根据政府政策文件作者整理。

三、政府补贴政策的不足

目前，政府在启动补贴项目时未能充分体现系统化特征，并且补贴政策的执行与评估机制也需加强，具体体现在以下三个方面：第一，政府补贴在制度设计上缺乏整体性，导致政策目标不清晰，结构也不尽合理。目前，政府补贴政策主要以选择性支持为主导，各级政府，如中央、省、市等，制定众多鼓励技术创新的政策。这样的结果是，尽管政策内容看似全面，但实际上各级政府的激励措施分散在各种暂行条例或通知中，存在大量的政策重叠。这种状况不仅增加了政府人员执行政策的难度，也降低了政策的权威性，进而削弱了政府补贴对企业技术创新的推动力。第二，政府文件中的表述不够精确和专业，导致政府部门在实际执行时有较大的灵活性，这可能促使企业寻求非正当利益。在鼓励创新政策的评估中，政策缺乏量化的评价标准，这使得政府部门在执行时有较大的自由裁量空间。这种状况可能导致企业为了获取政府补助而进行不正当的“寻租”活动，进而影响创新激励政策推动企业技术创新的实际效果。第三，政府补贴政策在执行过程中，缺少完整的事前审查、过程监控以及事后评估体系，这可能会削弱创新激励政策的成效。由于相关部门对于企业调查核实难度较大，无法及时了解企业经营生产情况，可能出现不符合优惠条件的企业依然享受政府补贴的情况，影响补贴政策的执行效果，而且没有对政府补贴资金的后续监督机制，难以判断企业获得的受助资金是否有效投入创新活动，严重降低了政府补贴对企业创新的激励性。

第四节　研发加计扣除政策与政府补贴的差异化比较

研发加计扣除政策与政府补贴的含义和特点不同。研发加计扣除政策是一项积极的国家干预政策，属于事后优惠的支持手段，是通过税收减免和返还税收等方式给予符合研发加计扣除政策标准的企业在应纳税额上的优惠，减少企业在技术创新环节的成本来间接提高创新盈利水平，是间接的政府激励方式。企业获得税收优惠的多少取决于企业实际产生的研发费用，不取决于特定项目，其特点是强调市场调节的作用，重视企业研发创新环节的过程，有效降低企业研发边际成本，促进企业自主创新能力发展。研发加计扣除政策具有市场干预、成本控制、灵活管理等特点，可以更好解决市场失灵问题。政府补贴是直接的政府激励形式，是政府依据国家相关政策并考量经济发展现状出台相应的补贴来资助特定的企业，对满足特定要求的企业或者特定创新项目。以政府直接提供给企业资金补贴的方式进行，是政府的无偿转移支付。政府补贴来源于政府的经济资源，属于事前支持手段，具有很强的自由裁量权，但通常附有一定的条件，主要包括政策条件和适用条件。其特点是激励效应更精准、确定性更强、反应更加迅速，短期即可起到显著促进作用。

研发加计扣除政策与政府补贴的性质与目的不同。研发加计扣除政策是通过减少企业所得税的方式，降低企业的税负，鼓励企业增加研发投入，提高企业的技术创新能力和竞争力，进而推动经济发展。政府补贴是指政府向企业提供直接的资金或物质支持，以促进企业的发展。

研发加计扣除政策与政府补贴的作用不同。研发加计扣除政策旨在通过替代效应和产量效应激发企业的创新动力。该政策通过提供税收减免等优惠措施，减轻企业的财务负担，从而促进微观市场主体的发展，并有效推动社会经济的进步。政府补贴主要是通过导向作用和乘数效应来提高企业研发主动性，能够有效缓解企业融资约束困难，降低企业创新不确定性所带来的风险。

第五节　本章小结

本章梳理总结了中国政府激励策略和制造业企业创新的现状，整理和探讨了制造业创新、研发加计扣除政策、政府补贴的发展历程与现状特征。其一，制造业创新现状分析。本章从制造业发展现状、制造业创新投入现状、制造业创新产出现状三个方面探讨，对制造业整体创新情况进行分析。其二，研发加计扣除政策发展现状与困境分析。本章先整理分析了研发加计扣除政策的历史演变和当前现状，然后对政策实施的评价标准和面临的困境进行了梳理。其三，政府补贴发展演变与现状分析。本章具体阐述了企业的政府补贴发展演变历程，详细介绍了当前制造业的政府补贴情况。其四，对两种政府激励手段的差异性进行研究，对政府补贴与研发加计扣除政策进行比较分析。

第四章　政府激励对制造业企业双元创新影响的效应研究

通过文献综述和理论基础的分析，我们可以发现，研发加计扣除政策和政府补贴这两种政府激励策略，均能有效促进制造业企业的双元创新水平提升。由此提出三个问题：此结论能否通过实证的检验？政府激励对制造业企业双元创新影响效应具体呈现怎样的关系？两种政府激励方式对制造业企业双元创新的影响作用是否一致，还是存在差异？为了有效验证并解决以上三个问题，本章进行如下实证分析。

第一节　研究设计

一、研究假设

市场，作为“看不见的手”，并不能有效地调节制造业企业的研发投入。因此，政府在激发制造业企业创新方面发挥着激励作用。通过宏观经济政策，政府能够减少创新活动的溢出效应，并且弥补市场在创新方面的失灵。

1. 研发加计扣除政策与制造业企业双元创新的关系

税收激励理论认为，研发加计扣除政策作为税收激励政策，可以通过降低企业的计税基数、节约研发税收成本、激励企业创新等方式，间接承担一定的企业研发风险，激励企业创新。首先，研发加计扣除政策直接降低企业的应纳税所得额，间接增加资金供应，促进内部资源的有效配置，减少企业的融资约束，激发企业创新自主性；其次，作为政府行为，研发加计扣除政策能够发挥信号传递作用，可以在降低企业杠杆率的同时有效激励企业创新；最后，研发加计扣除政策可以减轻企业在研发过程中承担的高额税负，使企业有更多的资金用于研发活动，从而提高企业开展研发活动的积极性。研发加计扣除政策的主要目的是鼓励制造业企业开展研发创新活动，具有较强的针对性和方向性，能够更有效地推动试点企业开展研发革新项目。研究研发加计扣除政策对企业双元创新的影响，在研发加计扣除政策激励下，如图 4-1 所示，当企业的边际成本曲线 L1 向左下方移动时，这表明企业在研发领域的边际成本正在减少，即单位研发成本在下降。同时，企业的收益曲线 L3 与更新后的边际成本曲线 L2 在 A 点相交，说明企业在研发创新上的投入强度得到了提高。

基于以上分析，提出假设：

H1A：研发加计扣除政策可以显著促进制造业企业双元创新。

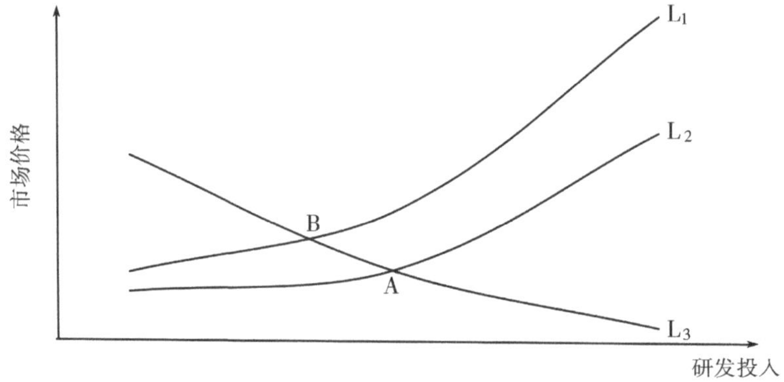

图 4-1　研发加计扣除政策激励企业创新原理

通过具体创新模式来看，探索式创新更侧重于企业的长期发展，目标是接收和整合新的信息知识。它通过信息搜索、实验、变异和冒险获得新的设计理念、新的营销市场和新的销售渠道，主要集中在新产品的研发，具有更大的不确定性；利用式创新是基于现有市场需求和技术进步，使用渐进、复制、细化和优化等成熟的方法来改进和增强现有技术和产品的研发创新活动。两种创新模式都是有风险的市场行为，具有周期长、成本高、需要承担结果泄漏风险等特点。因此，政府有必要采取研发加计扣除政策等税收抵免政策，对企业进行有效的激励。从前面的分析可以看出，实施研发加计扣除政策，有助于纠正企业在创新活动中存在的外部性问题，缓解企业面临的融资约束，降低研发过程中的成本负担，同时也有助于降低创新过程中可能遭遇的风险。因此，这一政策的推行，不仅能够激发企业进行更多的探索式创新，还能进一步推动企业的利用式创新。此外，研发加计扣除政策带来的节税和信号效应能进一步缓解企业的融资约束，使原本难以开展的探索式创新活动成为可能，从而促进企业开展更多的探索式的创新活动。

根据以上分析，提出相关假设：

H1Aa：研发加计扣除政策可以显著促进制造业企业探索式创新。

H1Ab：研发加计扣除政策可以显著促进制造业企业利用式创新。

2. 政府补贴与制造业企业双元创新的关系

技术创新产生的“市场失灵”需要政府进行干预调节，政府最主要的干预政策手段是政府补贴，通过资金支持的方式对企业研发创新给予帮助。政府补贴以三种途径有效促进企业创新：第一，政府补贴直接对企业支持现金流，缓解企业研发资金不足问题。企业创新具有周期长、资金量大的特点，仅靠自身往往难以有效维持运转，企业常常需要外部融资，但外部融资往往成本和风险也较高，容易对创新研发活动产生抑制作用，此时迫切需要政府的资金补助来支持企业创新项目发展；第二，政府补贴对企业支持具有信号传递的作用。政府补贴在向市场传递积极信号方面的作用，政府为企业创新活动作背书，可以提高企业的认可度，提高市场投资者的信心，有效减少市场与企业之间信息不对称的风险，进一步减少企业融资约束压力，间接地鼓励企业开展研发创新活动；第三，政府补贴保护企业研发创新成果。政府补贴在有效支持企业研发创新同时，实际上是对企业研发创新成果的一种保护，帮助企业研发成果形成知识产权专利，保证创新产出的私密性，保障企业的合法利益，提高企业技术创新的意愿，维护市场创新的秩序。

基于以上分析，提出假设：

H1B：政府补贴可以显著促进制造业企业双元创新。

政府补贴从微观层面直接激励企业开展双元创新活动，是较为常见的一种政策手段。政府补贴能够缓解企业融资约束、降低企业创新成本，促进企业开展利用式创新和探索式创新活动。其中，探索式创新作为企业获得竞争优势的核心要素，因其研发周期较长、资金耗费较大往往使得企业产生畏难情绪，政府补贴可以为企业注入强有力的信心与支持。利用式创新强调提升企业现有产品技术，将企业获得的政府补贴资金部分投入利用式创新活动中，帮助企业获取更多现金流，周转企业运营，维持现阶段企业经营运转。

根据以上分析，提出相关假设：

H1Ba：政府补贴可以显著促进制造业企业探索式创新。

H1Bb：政府补贴可以显著促进制造业企业利用式创新。

3. 政府激励对制造业企业双元创新模式的影响差异

在税收激励政策下，企业为追求快速收益会增加利用式创新投入，但利用式创新带来的收益较低，使得可用于税收优惠的力度较小，而探索式创新是突破现有产品或技术在远期为企业带来超额利润，获得的税收减免更多。

基于此，提出假设 H1Ac：

相较于利用式创新，研发加计扣除政策对制造业企业探索式创新具有更显著的激励作用。

与利用式创新相比，探索式创新周期更长，面临的不确定性更高，失败率较利用式创新也更高，但在以 GDP 为考核标准的官员晋升竞争下，探索式创新具有长期增长效应，能持续创造可观的 GDP，在官员任期内对财税增长贡献更大，因此地方政府更愿意把补贴用于探索式创新活动。

基于此，提出假设 H1Bc：

相较于利用式创新，政府补贴对制造业企业探索式创新具有更显著的激励作用。

二、样本选择与数据来源

本书专利申请数据来自中国研究数据服务平台（CNRDS），政府补贴数据来源于 wind 数据库，研发加计扣除政策的研发费用数据来自国泰安金融数据库（CSMAR）。以 2010—2022 年间 CSMAR 数据库内中国上海证券交易所、深圳证券交易所的A股上市公司为初始样本，并依照如下标准进行处理：（1）剔除研究所需的数据不全和变量中存在极端值的公司。（2）剔除极端值ST、*ST和PT公司（上述公司的财务状况等存在异常，很可能影响企业双元创新，致使研究结论出现偏差）。（3）鉴于行业间经营方式和财务等的差异，剔除非制造业行业上市公司。（4）排除净利润为负值的公司。（5）考虑到极端异常值对于后续回归的影响，将所有连续变量进行1%水平缩尾处理。

三、变量选取

1. 被解释变量

本书从探索式创新、利用式创新两个方面来衡量制造业企业双元创新。

当前对制造业企业双元创新测度的主流方法主要有五种。（1）可以选择发明专利、实用新型专利和外观设计专利来对制造业企业双元创新进行度量。探索式创新通过发明专利来体现，利用式创新通过实用新型专利和外观设计专利来体现。（2）利用会计核算方法测量制造业企业双元创新。探索式创新用企业费用化支出衡量，利用式创新用企业开发资本化支出衡量。（3）根据发明专利申请的国际专利分类号（IPC）分类号来衡量探索式与利用式创新。（4）问卷调查法（六题项量表）。探索式创新的示例题项为“企业不断尝试开发全新的产品”，利用式创新的示例题项为“企业尝试增加和改进现有产品的功能”。（5）基于IPC前四位来分析制造业企业双元创新类型。当企业在某年成功申请的专利所对应的技术领域与之前五年的技术领域保持一致，可将其定义为渐进式技术创新。相反，如果专利的技术领域与之前四年的不同，则认为是颠覆式技术创新。为了便于数据的检索与获取，本书参考钱丽等的研究，选择了第一种测度方法，使用发明专利数量的自然对数来表征探索式创新（Ti），实用新型和外观设计专利的数量的自然对数用来表征利用式创新（Mi）。

2. 解释变量

（1）研发加计扣除政策

研发加计扣除政策评分（Index）。参考彭华涛和吴瑶等的研究，从研发加计扣除政策的强度、可得性和持续性三个方面对研发加计扣除政策进行标准化，然后采用主成分分析法构建综合指标。计算方法如下：

$$扣除强度=\frac{研发费用\times研发费用加计扣除比例\times企业所得税税率}{资产总额}$$

$$扣除可得性=\frac{(研发费用\times税前扣除率)}{应纳税所得额+研发费用\times税前扣除率}$$

扣除持续性作为虚拟变量，当年享受研发费用加计取值为 1，否则取值为 0。其中，扣除强度比值越高，说明研发加计扣除政策的强度越大；扣除可得性比值越大，说明研发费用更能充分抵扣。

（2）政府补贴

本书使用公司当年获得的政府补贴金额除以总资产来衡量公司的政府补贴水平（SUB），即 SUB=政府补贴金额/总资产 * 100%。

（3）控制变量

参照众多学者（连燕玲等、吕迪伟等）关于研发加计扣除政策和企业双元创新的相关研究，确定控制变量，如表 4-1 所示。

表 4-1　控制变量说明

变量名称	计算方法	说明
企业规模（SIZE）	企业总资产取自然对数	连续变量
企业年龄（AGE）	企业上市时间取自然对数	连续变量
独董占比（INDEP）	独董人数/董事会人数	连续变量
流动比率（CR）	流动资产/流动负债	连续变量
两职合一（DUAL）	若董事长兼任总经理，则取值为 1，否则为 0	名义变量
高管团队持股比例（MSHARE）	高管持股总数占总股本的比例	连续变量
股权集中度（TOP）	前十大股东持股比例	连续变量
产权性质（SOE）	若企业为国有企业，赋值为 1，否则为 0	名义变量
融资约束（ZSCORE）	利用 Z 指数	连续变量
盈利能力（ROA）	总资产收益率，是净利润与总资产的比值	连续变量

四、模型设计

1. 研发加计扣除政策

为了检验假设 H1Aa 和 H1Ab，研究研发加计扣除政策对制造业企业双元创新的影响，本节引入企业内部治理和财务指标作为控制变量，并控制年度和行业虚拟变量，建立模型（4.1）、模型（4.2），具体公式如下：

$$Mi_{i,t}=\propto_i+\delta_1 Tax\_g_{i,t}+\delta_2 SIZE_{i,t}+\delta_3 AGE_{i,t}+\delta_4 INDEP_{i,t}+\delta_5 CR_{i,t}+\delta_6 DUAL_{i,t}+\delta_7 MSHARE_{i,t}+\delta_8 TOP_{i,t}+\delta_9 SOE_{i,t}+\delta_{10} ZSCORE_{i,t}+\sum YEAR+\sum INDUSTRY+\mu_{i,t} \tag{4.1}$$

$$Ti_{i,t}=\Psi_i+\Omega_1 Tax\_g_{i,t}+\Omega_2 SIZE_{i,t}+\Omega_3 AGE_{i,t}+\Omega_4 INDEP_{i,t}+\Omega_5 CR_{i,t}+\Omega_6 DUAL_{i,t}+\Omega_7 MSHARE_{i,t}+\Omega_8 TOP_{i,t}+\Omega_9 SOE_{i,t}+\Omega_{10} ZSCORE_{i,t}+\sum YEAR+\sum INDUSTRY+\sigma_{i,t} \tag{4.2}$$

上式中 Mi 代表利用式创新，Ti 代表探索式创新；Tax _ g 分别为解释变量，代表研发加计扣除政策。在 5%的显著性水平下，若模型（4.1）中 δ_1 显著为正，则说明假设 H1Aa 成立，即研发加计扣除政策可以显著促进制造业企业探索式创新；若在 5%的显著性水平下，模型（4.2）中 Ω_1 显著为正，则说明假设 H1Ab 成立，即研发加计扣除政策可以显著促进制造业企业利用式创新。

2. 政府补贴

为研究政府补贴对制造业企业双元创新的影响，本节引入了企业内部治理和财务指标作为控制变量，并控制年度和行业虚拟变量。为检验假设 H1Ba 和 H1Bb，本书建立模型（4.3）、模型（4.4），具体公式如下：

$$Mi_{i,t}=\nabla_i+\gamma_1 SUB_{i,t}+\gamma_2 SIZE_{i,t}+\gamma_3 AGE_{i,t}+\gamma_4 INDEP_{i,t}+\gamma_5 CR_{i,t}+\gamma_6 DUAL_{i,t}+\gamma_7 MSHARE_{i,t}+\gamma_8 TOP_{i,t}+\gamma_9 SOE_{i,t}+\gamma_{10} ZSCORE_{i,t}+\sum YEAR+\sum INDUSTRY+\eta_{it} \tag{4.3}$$

$$Ti_{i,t}=\nu_i+\rho_1 SUB_{i,t}+\rho_2 SIZE_{i,t}+\rho_3 AGE_{i,t}+\rho_4 INDEP_{i,t}+\rho_5 CR_{i,t}+\rho_6 DUAL_{i,t}+\rho_7 MSHARE_{i,t}+\rho_8 TOP_{i,t}+\rho_9 SOE_{i,t}+\rho_{10} ZSCORE_{i,t}+\sum YEAR+\sum INDUSTRY+\sigma_{it} \tag{4.4}$$

上式中 SUB 为解释变量，代表政府补贴水平。其他同上。

3. 研发加计扣除政策与政府补贴的影响效应对比

研发加计扣除政策与政府补贴都是政府激励的重要手段，前者是一种间接的事后政府激励手段，后者则是一种直接的事前政府激励手段，两者均可降低制造业企业创新成本，纠正制造业企业创新正外部性，促进制造业企业双元发展。两种方式在具体影响效果上是否存在差异，存在何种差异，则需要进一步分析探讨。因此，本节采用似不相关回归的分析范式，将研发加计扣除政策、政府补贴对制造业企业双元创新作用的计量模型进行联立，从而得到两个方程组：

$$\begin{cases} Mi_{i,t} = \beta_0 + \beta_{11} Index_{i,t} + \sum control_{it} + u_i + u_t + \varepsilon_{it} \\ Mi_{i,t} = \beta_0 + \beta_{13} SUB_{i,t} + \sum control_{it} + u_i + u_t + \varepsilon_{it} \end{cases} \tag{4.5}$$

$$\begin{cases} Ti_{i,t} = \tilde{\omega}_0 + \tilde{\omega}_{11} Index_{i,t} + \sum control_{it} + \tau_i + \tau_t + \upsilon_{it} \\ Ti_{i,t} = \tilde{\omega}_0 + \tilde{\omega}_{13} SUB_{i,t} + \sum control_{it} + \tau_i + \tau_t + \upsilon_{it} \end{cases} \tag{4.6}$$

第二节　描述统计及相关分析

一、描述性统计

表 4-2 汇总了主要变量的描述性统计结果。从表 4-2 中可以看出，探索式创新（Ti）和利用式创新（Mi）的均值分别为 2.364 和 2.669，后者明显高于前者，表明相较于探索式创新，制造业企业更倾向于进行利用式创新；研发加计扣除政策评分（Index）的最小值是−1.286，最大值是 1.980，这表明不同制造业企业对于研发加计扣除政策的评分是存在差异的；政府补贴水平（SUB）的最小值是 0.012，最大值是 2.694，这表明不同制造业企业享受的政府补贴水平是存在差异的；独立董事占比（INDEP）的均值是 0.376，表明样本公司中独立董事的比例超过了 33.33%，与潘子成等研究结果相近；企业规模（SIZE）的平均值为 22.003，标准差 1.152，表明制造业企业的规模都较为接近；其余变量分布属于正常情况。

表 4-2 描述性统计分析

Variable	Obs	Mean	Std. dev	Min	Max
Mi	20450	2.669	1.562	0.000	6.441
Ti	20450	2.364	1.456	0.000	6.295
Index	20450	0.000	0.721	−1.286	1.980
SUB	20450	0.540	0.486	0.012	2.694
SIZE	20450	22.003	1.152	20.008	25.595
AGE	20450	1.788	0.972	0.000	3.296
INDEP	20450	0.376	0.053	0.333	0.571
CR	20450	3.063	3.040	0.566	18.992
DUAL	20450	0.347	0.476	0.000	1.000
MSHARE	20450	0.185	0.217	0.000	0.712
TOP	20450	0.603	0.146	0.253	0.896
SOE	20450	0.223	0.416	0.000	1.000
ZSCORE	20450	5.580	5.717	0.761	36.337

二、相关性分析

为检验各变量间是否存在多重共线性，本节首先进行 Pearson 相关性检验，得出各个变量之间的相关系数均较小，表明变量之间不存在严重的多重共线性问题（见表 4-3、表 4-4）。研发加计扣除政策评分与探索式创新和利用式创新在1%的显著性水平下均呈现正相关关系，相关系数分别为 0.269 和 0.183，初步证明本章提出的假设成立；政府补贴水平与探索式创新和利用式创新在 1%的显著性水平下均呈现正相关关系，相关系数分别为 0.111 和 0.040，初步证明本章提出的假设成立。

表 4-3 相关系数分析结果(研发加计扣除政策)

	Mi	Ti	Index	SIZE	AGE	INDEP	CR	DUAL	MSHARE	TOP	SOE	ZSCORE
Mi	1.000											
Ti	0.671***	1.000										
Index	0.183***	0.269***	1.000									
SIZE	0.478***	0.540***	−0.033***	1.000								
AGE	0.228***	0.265***	−0.015**	0.520***	1.000							
INDEP	0.023***	0.002	0.017**	(0.009)	−0.024***	1.000						
CR	−0.256***	−0.210***	−0.051***	−0.363***	−0.367***	0.007	1.000					
DUAL	−0.058***	−0.072***	0.048***	−0.168***	−0.250***	0.107***	0.118***	1.000				
MSHARE	−0.124***	−0.176***	0.032***	−0.381***	−0.514***	0.081***	0.244***	0.227***	1.000			
TOP	−0.031***	−0.077***	−0.058***	−0.098***	−0.519***	0.064***	0.187***	0.108***	0.281***	1.000		
SOE	0.136***	0.197***	−0.014**	0.327***	0.426***	−0.048***	−0.165***	−0.273***	−0.428***	−0.126***	1.000	
ZSCORE	−0.211***	−0.143***	−0.015**	−0.301***	−0.082***	0.007	0.625***	0.055***	0.070***	0.038***	−0.094***	1.000

注：***、**、*分别表示显著性水平为1%、5%和10%。其余章节用法均为这种处理方式。

表 4-4　相关系数分析结果(政府补贴)

	Mi	Ti	SUB	SIZE	AGE	INDEP	CR	DUAL	MSHARE	TOP	SOE	ZSCORE
Mi	1.000											
Ti	0.672***	1.000										
SUB	0.040***	0.111***	1.000									
SIZE	0.478***	0.541***	−0.138***	1.000								
AGE	0.228***	0.264***	−0.129***	0.518***	1.000							
INDEP	0.022***	0.001	0.004	−0.010	−0.024***	1.000						
CR	−0.257***	−0.211***	0.042***	−0.362***	−0.369***	0.006	1.000					
DUAL	−0.058***	−0.071***	0.038***	−0.167***	−0.249***	0.106***	0.117***	1.000				
MSHARE	−0.123***	−0.175***	0.059***	−0.379***	−0.514***	0.081***	0.243***	0.226***	1.000			
TOP	−0.030***	−0.075***	0.040***	−0.097***	−0.519***	0.063***	0.187***	0.107***	0.281***	1.000		
SOE	0.136***	0.197***	−0.055***	0.325***	0.426***	−0.048***	−0.165***	−0.273***	−0.427***	−0.127***	1.000	
ZSCORE	−0.212***	−0.143***	0.046***	−0.301***	−0.083***	0.007	0.626***	0.055***	0.070***	0.038***	−0.094***	1.000

第三节 研发加计扣除政策对制造业企业双元创新的影响效应

一、基准回归分析

根据混合回归、随机效应回归、固定效应回归以及 Hausman 检验结果显示，在三个模型中存在行业固定效应与时间固定效应（见表 4-5）。因此，本节基于前文设定模型进行双向固定效应模型检验。表中第 1 行和第 2 行分别是研发加计扣除政策对企业探索式创新和利用式创新的基准回归结果。研究结果显示，在控制其他影响因素与时间和行业固定效应后，研发加计扣除政策与探索式创新和利用式创新的相关系数均为正，表明研发加计扣除政策会对企业双元创新起到正向激励作用；但是激励的程度存在差异，具体表现为：在 1%的显著性水平下，研发加计扣除政策与探索式创新的相关系数是 0.426，而研发加计扣除政策与利用式创新相关系数是 0.255。这意味着研发加计扣除政策每变化 1 个单位，对探索式创新的可能性变成原来的 $e^{0.426}$ 倍，而对利用式创新则变成原来的 $e^{0.255}$ 倍。这就验证了 H1Ac：相较于利用式创新，研发加计扣除政策对制造业企业探索式创新具有更显著的激励作用。

表 4-5 研发加计扣除政策的基准回归分析结果

	混合回归 Mi	随机效应回归 Mi	固定效应回归 Mi	混合回归 Ti	随机效应回归 Ti	固定效应回归 Ti
Index	0.418***	0.164***	0.255***	0.571***	0.210***	0.426***
	(32.284)	(13.927)	(20.799)	(50.940)	(19.642)	(37.481)
SIZE	0.649***	0.657***	0.671***	0.733***	0.698***	0.763***
	(62.597)	(46.851)	(72.269)	(81.752)	(56.510)	(88.638)
AGE	−0.008	0.078***	0.063***	−0.088***	0.017	−0.049***
	(−0.519)	(4.727)	(4.651)	(−6.643)	(1.174)	(−3.925)
INDEP	0.532***	−0.045	−0.021	0.044	−0.087	−0.179
	(3.005)	(−0.247)	(−0.134)	(0.284)	(−0.528)	(−1.252)

续表

	混合回归 Mi	随机效应回归 Mi	固定效应回归 Mi	混合回归 Ti	随机效应回归 Ti	固定效应回归 Ti
CR	−0.042***	−0.021***	−0.035***	−0.018***	−0.014***	−0.017***
	(−9.798)	(−5.759)	(−9.087)	(−4.887)	(−4.214)	(−4.864)
DUAL	0.012	0.019	0.022	0.022	0.031*	0.030*
	(0.572)	(0.917)	(1.217	(1.202)	(1.693)	(1.804)
MSHARE	0.453***	0.199***	0.326***	0.269***	0.166***	0.199***
	(8.594)	(2.934)	(7.114)	(5.903)	(2.769)	(4.681)
TOP	0.230***	0.168*	0.234***	−0.345***	0.104	−0.095
	(2.952)	(1.850)	(3.395)	(−5.117)	(1.281)	(−1.486)
SOE	0.001	−0.083**	0.031	0.176***	0.019	0.206***
	(0.042)	(−2.110)	(1.302)	(7.723)	(0.555)	(9.448)
ZSCORE	−0.005**	0.004**	0.004*	0.0146***	0.0109***	0.014***
	(−2.333)	(2.253)	(1.934)	(7.711)	(6.515)	(7.420)
_cons	−11.857***	−12.046***	−13.138***	−13.544***	−13.173***	−15.043***
	(−52.201)	(−39.169)	(−60.655)	(−68.883)	(−48.650)	(−74.918)
时间固定效应	No	No	Yes	No	No	Yes
行业固定效应	No	No	Yes	No	No	Yes
N	20450	20450	20450	20450	20450	20450
R^2	0.280	0.257	0.466	0.379	0.343	0.471

注：行业固定效应是按照制造业的二级分类进行固定。

二、内生性检验

本节分别通过两阶段最小二乘法（2SLS）和系统 GMM 动态面板模型来对本章建立模型的内生性进行检验。

1. 最小二乘法内生性检验

寻找合适的工具变量是运用最小二乘法解决内生性问题的重要方法。自变量的行业均值表征同一行业中企业的研发加计扣除政策平均水平，它与单一企业的双元创新活动不相关，但与单一企业的研发加计扣除政策相关，故此对单一企业具有外生性，满足工具变量的筛选标准。所以，本节的工具变量选用行业均值数据，应用两阶段最小二乘法进行探究。

检验结果如下表 4-6 所示。在 2SLS 模型，1%的显著性水平下，研发加计扣除政策与 Mi、Ti 均呈现正相关关系；相较于利用式创新，研发加计扣除政策对探索式创新的影响会加重 40 个百分点。检验结果表明本章提出的假设 H1A 和 H1Ac 成立，即研发加计扣除政策可以显著促进制造业企业双元创新，相较于利用式创新，研发加计扣除政策对制造业企业探索式创新具有更显著的激励作用。

表 4-6　研发加计扣除政策的内生性检验结果

	(1) First Index	(2) Second Mi	(3) First Index	(4) Second Ti
IV	1.032***		1.032***	
	(8.972)		(8.972)	
Index		0.401**		0.802***
	(2.045)		(4.312)	
SIZE	−0.038***	0.676***	−0.038***	0.777***
	(−7.098)	(56.980)	(−7.098)	(69.028)
AGE	−0.017**	0.065***	−0.017**	−0.042***
	(−2.213)	(4.681)	(−2.213)	(−3.210)
INDEP	−0.146*	0.000	−0.146*	−0.126
	(−1.661)	(0.001)	(−1.661)	(−0.844)
CR	−0.027***	−0.031***	−0.027***	−0.007
	(−12.630)	(−4.678)	(−12.630)	(−1.120)
DUAL	0.044***	0.016	0.044***	0.014
	(4.357)	(0.780)	(4.357)	(0.728)

续表

	(1) First Index	(2) Second Mi	(3) First Index	(4) Second Ti
MSHARE	0.065**	0.317***	0.065**	0.175***
	(2.480)	(6.641)	(2.480)	(3.860)
TOP	−0.177***	0.260***	−0.177***	−0.026
	(−4.526)	(3.350)	(−4.526)	(−0.354)
SOE	0.105***	0.015	0.105***	0.166***
	(7.864)	(0.485)	(7.864)	(5.592)
ZSCORE	0.007***	0.003	0.007***	0.011***
	(5.863)	(1.224)	(5.863)	(5.005)
_cons	1.150***	−13.169***	1.150***	−15.123***
	(7.116)	(−59.573)	(7.116)	(−72.151)
时间固定效应		Yes		Yes
行业固定效应		Yes		Yes
N	20450	20450	20450	20450
R^2	0.187	0.462	0.187	0.443

2. GMM 内生性检验

对于动态面板模型，本节采用广义矩估计（GMM）对动态面板模型进行回归分析，并运用 Hansen test 统计量来验证工具变量的有效性。在 Hansen test 检验中，原假设认为工具变量是有效的，因此其统计量不应当显著，换言之，P 值应该大于 0.1。Arellano-Bond 估计量是用来检验动态面板数据模型中是否存在序列相关性的方法，这是判断 GMM 估计量一致性的一个关键步骤。其优势在于，它能够在控制未观测到的个体特定效应和时间效应的同时，还允许将上一期的解释变量和滞后期的被解释变量作为工具变量来处理内生性问题。这种方法由 Arellano 和 Bover 在 1995 年提出，旨在提高估计量的准确性和可靠性。GMM 有三种主要的类型：差分 GMM、水平 GMM 和系统 GMM。其中，系统 GMM 同时利用差分方程和水平方程中的信息，以及差分转换所用的工具变量，能够使得估计结果更为高效和精确。

检验结果如表 4-7 所示。在 GMM 模型，1%的显著性水平下，研发加计扣除政策与 Mi、Ti 均呈现正相关的关系；相较于利用式创新，研发加计扣除政策对探索式创新的影响会加重 81 个百分点。检验结果表明本研究提出的假设 H1A 和 H1Ac 成立，即研发加计扣除政策可以显著促进制造业企业双元创新，相较于利用式创新，研发加计扣除政策对制造业企业探索式创新具有更显著的激励作用。

表 4-7 研发加计扣除政策的 GMM 内生性检验结果

	Mi	Ti
Index	0.585***	1.392***
	(3.294)	(9.900)
SIZE	0.775***	1.598***
	(6.757)	(19.446)
AGE	−0.082	−0.755***
	(−0.748)	(−7.493)
INDEP	2.282	1.640
	(1.447)	(1.301)
CR	−0.087***	−0.098***
	(−7.616)	(−5.914)
DUAL	−0.016	−0.316**
	(−0.087)	(−2.557)
MSHARE	−1.317***	−2.019***
	(−3.973)	(−5.752)
TOP	1.852**	3.935***
	(2.546)	(5.811)
SOE	0.649**	0.314*
	(1.971)	(1.852)
ZSCORE	0.000	0.012*
	(0.013)	(1.811)

续表

	Mi	Ti
_cons	−26.718***	−52.117***
	(−9.698)	(−26.827)
时间固定效应	Yes	Yes
N	20450	20450
AR（1）统计量	−18.624	−8.739
AR（1）P值	0.0000	0.0000
AR（2）统计量	−1.152	−1.148
AR（2）P值	0.249	0.251
Sargen 统计量	71.243	87.429
Sargen P值	1.000	1.000
Hanssen 统计量	230.651	333.189
Hanssen P值	0.135	0.395

三、稳健性检验

1. 逐步回归法

为了提高模型的稳健性，在模型中逐步加入不同类别控制变量，验证在不同控制变量下结论是否依然成立，结果如表 4-8、表 4-9 所示。结果显示，在加入不同类别控制变量，1%的显著性水平下，Index 与 Mi、Ti 均呈现正相关关系，且后者明显高于前者，因此本章结论依然成立。

表 4-8 研发加计扣除政策的稳健性检验结果一 (Index 与 Mi)

	(1) Mi	(2) Mi	(3) Mi	(4) Mi	(5) Mi	(6) Mi	(7) Mi	(8) Mi	(9) Mi
Index	0.224***	0.267***	0.266***	0.266***	0.256***	0.256***	0.256***	0.257***	0.256***
	(15.296)	(21.840)	(21.689)	(21.696)	(20.917)	(20.874)	(20.892)	(20.983)	(20.892)
SIZE		0.699***	0.682***	0.682***	0.666***	0.666***	0.675***	0.668***	0.667***
		(93.704)	(79.716)	(79.716)	(76.363)	(76.372)	(76.716)	(74.017)	(73.747)
AGE			0.039***	0.039***	0.017*	0.021**	0.049***	0.072***	0.069***
			(3.939)	(3.949)	(1.708)	(1.98)	(4.410)	(5.654)	(5.240)
INDEP				0.117	0.108	0.084	0.013	−0.0214	−0.021
				(0.762)	(0.706)	(0.547)	(0.084)	(−0.139)	(−0.135)
CR					−0.028***	−0.028***	−0.029***	−0.030***	−0.030***
					(−9.487)	(−9.516)	(−9.860)	(−10.028)	(−10.054)
DUAL						0.030*	0.017	0.019	0.0218
						(1.673)	(0.972)	(1.049)	(1.215)
MSHARE							0.3172***	0.308***	0.321***
							(7.136)	(6.920)	(7.002)
TOP								0.251***	0.242***
								(3.671)	(3.530)

续表

	(1) Mi	(2) Mi	(3) Mi	(4) Mi	(5) Mi	(6) Mi	(7) Mi	(8) Mi	(9) Mi
SOE									0.028
									(1.176)
_cons	1.524***	−13.545***	−13.240***	−13.284***	−12.796***	−12.815***	−13.050***	−13.069***	−13.053***
	(16.458)	(−75.883)	(−68.043)	(−65.382)	(−61.178)	(−61.183)	(−61.623)	(−61.713)	(−61.525)
时间固定效应	Yes	Yes	Yes	Yes	Yes	Yes	Yes	Yes	Yes
行业固定效应	Yes	Yes	Yes	Yes	Yes	Yes	Yes	Yes	Yes
N	20450	20450	20450	20450	20450	20450	20450	20450	20450
R^2	0.229	0.461	0.461	0.461	0.464	0.464	0.465	0.465	0.465

表 4-9 研发加计扣除政策的稳健性检验结果一 (Index 与 Ti)

	(1) Ti	(2) Ti	(3) Ti	(4) Ti	(5) Ti	(6) Ti	(7) Ti	(8) Ti	(9) Ti
Index	0.389***	0.435***	0.436***	0.435***	0.435***	0.435***	0.435***	0.435***	0.430***
	(27.348)	(38.366)	(38.386)	(38.373)	(38.249)	(38.224)	(38.225)	(38.210)	(37.760)
SIZE		0.746***	0.751***	0.751***	0.751***	0.751***	0.754***	0.7545***	0.748***
		(108.019)	(94.699)	(94.698)	(92.770)	(92.721)	(92.130)	(89.852)	(89.164)
AGE			−0.011	−0.012	−0.012	−0.010	−0.002	−0.003	−0.028**
			(−1.234)	(−1.250)	(−1.218)	(−1.078)	(−0.236)	(−0.241)	(−2.268)
INDEP				−0.156	−0.156	−0.165	−0.185	−0.184	−0.180
				(−1.096)	(−1.096)	(−1.152)	(−1.289)	(−1.283)	(−1.255)
CR					−0.000	−0.000	−0.000	−0.000	−0.001
					(−0.005)	(−0.017)	(−0.120)	(−0.117)	(−0.334)
DUAL						0.011	0.007	0.007	0.030*
						(0.658)	(0.445)	(0.443)	(1.797)
MSHARE							0.089**	0.089**	0.178***
							(2.151)	(2.152)	(4.199)
TOP								−0.005	−0.064
								(−0.072)	(−0.997)

续表

	(1) Ti	(2) Ti	(3) Ti	(4) Ti	(5) Ti	(6) Ti	(7) Ti	(8) Ti	(9) Ti
SOE									0.195***
									(8.961)
_cons	1.341***	−14.749***	−14.838***	−14.779***	−14.779***	−14.785***	−14.851***	−14.851***	−14.742***
	(14.906)	(−89.212)	(−82.305)	(−78.508)	(−76.093)	(−76.018)	(−75.436)	(−75.409)	(−74.863)
时间固定效应	Yes	Yes	Yes	Yes	Yes	Yes	Yes	Yes	Yes
行业固定效应	Yes	Yes	Yes	Yes	Yes	Yes	Yes	Yes	Yes
N	20450	20450	20450	20450	20450	20450	20450	20450	20450
R^2	0.163	0.468	0.468	0.468	0.468	0.468	0.468	0.468	0.470

2. 更换估计方法

本节利用聚类稳健标准误固定效应模型回归方法进行估计，结果如表 4-10 所示。在更改估计方法之后，1%的显著性水平下，Index 与 Mi、Ti 均呈现正相关关系，且后者明显高于前者，这表明本章构建的模型是稳健有效的。

表 4-10　研发加计扣除政策的稳健性检验结果二

	Mi	Ti
Index	0.255***	0.426***
	(2.527)	(2.395)
SIZE	0.671***	0.763***
	(32.303)	(37.183)
AGE	0.063**	−0.049**
	(2.494)	(−2.059)
INDEP	−0.021	−0.179
	(−0.074)	(−0.648)
CR	−0.035***	−0.017**
	(−5.775)	(−2.498)
DUAL	0.022	0.030
	(0.649)	(0.965)
MSHARE	0.326***	0.199**
	(3.483)	(2.415)
TOP	0.234	−0.095
	(1.581)	(−0.689)
SOE	0.031	0.206***
	(0.592)	(3.994)
ZSCORE	0.004	0.014***
	(1.144)	(4.616)
_cons	−13.138***	−15.043***
	(−28.967)	(−35.024)

续表

	Mi	Ti
时间固定效应	Yes	Yes
行业固定效应	Yes	Yes
N	20450	20450
R^2	0.465	0.471

四、门槛效应分析

本节首先利用 Hansen 提出的门槛面板回归模型，检验门槛效应存在的合理性和真实性，并构建研发加计扣除政策对制造业企业双元创新影响的门槛面板回归模型；然后，选用解释变量（研发加计扣除比例）和一系列控制变量（企业规模、企业年龄、股权集中度、融资约束、盈利能力等）作为门槛变量，并利用面板数据分别进行门槛效应检验；最后，根据门槛效应检验结果对研发加计扣除政策对制造业企业双元创新之间的非线性关系的形成原因进行分析。

表 4-11 为以 Mi 为被解释变量的门槛检验。根据检验结果可知变量 ZSCORE、AGE、ROA 的 P 值小于 0.05，在 5%的显著性水平下拒绝原假设，具有显著的门槛效应；变量 TOP 和变量 SIZE 并未通过门槛效应检验，之后对 ZSCORE、AGE、ROA 进行双门槛检验。

表 4-11　研发加计扣除政策的门槛检验（Mi 为被解释变量）

	ZSCORE	AGE	SIZE	TOP	ROA
单门槛	0.040	0.020	0.370	0.320	0.010
双门槛	0.390	0.870			0.750
三门槛					

表 4-12 为门槛回归结果。根据第 1 列结果显示，相对于低融资约束制造业企业，研发加计扣除政策可以更显著地促进高融资约束制造业企业利用式创新。根据第 2 列结果显示，相对于高年龄组制造业企业，研发加计扣除政策可以更

显著地促进低年龄组制造业企业利用式创新。根据第 3 列结果显示，相对于低盈利能力制造业企业，研发加计扣除政策可以更显著地促进高盈利能力制造业企业利用式创新。

表 4-12 研发加计扣除政策的门槛回归结果（Mi 为被解释变量）

	(1) Mi	(2) Mi	(3) Mi
门槛变量	ZSCORE	AGE	ROA
0. _cat#c. Index	0.039	0.359***	0.069
	(0.562)	(7.820)	(1.248)
1. _cat#c. Index	0.290***	0.136***	0.318***
	(7.440)	(3.132)	(7.783)
SIZE	0.710***	0.721***	0.709***
	(23.482)	(23.771)	(23.465)
AGE	0.250***	0.238***	0.242***
	(6.006)	(5.685)	(5.814)
INDEP	−0.612*	−0.595*	−0.597*
	(−1.766)	(−1.719)	(−1.723)
CR	0.008	0.009	0.008
	(1.142)	(1.211)	(1.128)
DUAL	0.057	0.054	0.053
	(1.520)	(1.435)	(1.405)
MSHARE	0.261*	0.284*	0.241
	(1.683)	(1.832)	(1.553)
TOP	0.583***	0.529***	0.557***
	(3.350)	(3.044)	(3.206)
SOE	−0.077	−0.093	−0.085
	(−0.931)	(−1.118)	(−1.018)
ZSCORE	−0.001	−0.002	−0.002
	(−0.381)	(−0.426)	(−0.564)

续表

	(1) Mi	(2) Mi	(3) Mi
_cons	−13.604***	−13.804***	−13.543***
	(−21.462)	(−21.720)	(−21.372)
时间固定效应	YES	YES	YES
企业固定效应	YES	YES	YES
N	5590	5590	5590
R^2	0.276	0.276	0.276

表 4-13 为以 Ti 为被解释变量的门槛检验，根据检验结果可知，变量 ZSCORE、AGE、SIZE、ROA 的 P 值小等于 0.05，在 5%的显著性水平下拒绝原假设，具有显著的门槛效应；变量 TOP 以及变量 SIZE 未通过门槛效应检验，之后对 ZSCORE、AGE、ROA 进行双门槛检验。

表 4-13　研发加计扣除政策的门槛检验（Ti 为被解释变量）

	ZSCORE	AGE	SIZE	TOP	ROA
单门槛	0.050	0.020	0.800	0.700	0.050
双门槛	0.850	0.870			0.930
三门槛					

表 4-14 为门槛回归结果。根据第 1 列结果显示，相对于低融资约束制造业企业，研发加计扣除政策可以更显著地促进高融资约束制造业企业探索式创新。根据第 2 列结果显示，相对于高年龄组制造业企业，研发加计扣除政策可以更显著地促进低年龄组制造业企业探索式创新。根据第 3 列结果显示，相对于低盈利能力制造业企业，研发加计扣除政策可以更显著地促进高盈利能力制造业企业探索式创新。

表 4-14 研发加计扣除政策的门槛回归结果（Ti 为被解释变量）

	(1) Ti	(2) Ti	(3) Ti
门槛变量	ZSCORE	AGE	ROA
0. _ cat#c. Index	0.216***	0.298***	0.126**
	(6.124)	(2.807)	(2.500)
1. _ cat#c. Index	0.335***	0.243***	0.300***
	(6.255)	(7.419)	(8.084)
SIZE	0.667***	0.669***	0.667***
	(24.256)	(24.114)	(24.290)
AGE	0.313***	0.305***	0.301***
	(8.284)	(7.675)	(7.941)
INDEP	−0.751**	−0.753**	−0.743**
	(−2.383)	(−2.389)	(−2.357)
CR	−0.000	−0.002	−0.002
	(−0.013)	(−0.271)	(−0.283)
DUAL	0.084**	0.082**	0.082**
	(2.467)	(2.408)	(2.393)
MSHARE	0.337**	0.342**	0.310**
	(2.390)	(2.428)	(2.197)
TOP	0.694***	0.693***	0.698***
	(4.389)	(4.370)	(4.420)
SOE	−0.160**	−0.164**	−0.160**
	(−2.116)	(−2.174)	(−2.123)
ZSCORE	0.004	0.005	0.004
	(1.358)	(1.388)	(1.263)
_ cons	−13.116***	−13.152***	−13.092***
	(−22.751)	(−22.714)	(−22.718)
时间固定效应	YES	YES	YES
企业固定效应	YES	YES	YES

续表

	(1) Ti	(2) Ti	(3) Ti
N	5590	5590	5590
R^2	0.312	0.311	0.312

第四节　政府补贴对制造业企业双元创新的影响效应

一、基准回归分析

表 4-15 为本章在混合回归、随机效应回归以及双向固定效应模型的基础上进行的基准回归分析，鉴于前文选取固定效应模型为最优模型，因此本节进行固定效应模型检验。从表 4-15 中可以看出，在控制了其他影响因素与时间和行业固定效应后，政府补贴水平与探索式创新和利用式创新的相关系数均为正，表明政府补贴水平会对企业双元创新起到正向激励作用；但是激励的程度存在差异，具体表现为政府补贴水平与探索式创新的相关系数是 0.480，而与利用式创新相关系数是 0.264。这意味着，在 1%的显著性水平下，政府补贴水平每变化 1 个单位，对探索式创新的可能性就会变成原来的 $e^{0.48}$ 倍，对利用式创新的可能性就会变成原来的 $e^{0.264}$ 倍。这就验证了 H1B：政府补贴可以显著地促进制造业企业双元创新；相较于利用式创新，政府补贴水平对制造业企业探索式创新具有更显著的激励作用。

表 4-15　政府补贴的基准回归分析结果

	混合回归 Mi	随机效应回归 Mi	固定效应回归 Mi	混合回归 Ti	随机效应回归 Ti	固定效应回归 Ti
SUB	0.343***	0.188***	0.264***	0.561***	0.272***	0.480***
	(17.469)	(11.266)	(15.467)	(32.393)	(17.970)	(30.157)

续表

	混合回归 Mi	随机效应回归 Mi	固定效应回归 Mi	混合回归 Ti	随机效应回归 Ti	固定效应回归 Ti
SIZE	0.657***	0.668***	0.673***	0.750***	0.713***	0.768***
	(62.409)	(47.346)	(72.310)	(80.817)	(56.751)	(88.405)
AGE	−0.006	0.103***	0.074***	−0.081***	0.051***	−0.028**
	(−0.405)	(6.192)	(5.471)	(−5.930)	(3.419)	(−2.186)
INDEP	0.581***	0.016	−0.054	0.126	0.011	−0.220
	(3.236)	(0.086)	(−0.350)	(0.793)	(0.068)	(−1.525)
CR	−0.050***	−0.022***	−0.040***	−0.028***	−0.015***	−0.025***
	(−11.461)	(−6.115)	(−10.471)	(−7.194)	(−4.458)	(−7.017)
DUAL	0.041*	0.023	0.036**	0.057***	0.033*	0.051***
	(1.950)	(1.118)	(2.011)	(3.105)	(1.812)	(3.049)
MSHARE	0.518***	0.214***	0.358***	0.367***	0.183***	0.255***
	(9.679)	(3.141)	(7.783)	(7.786)	(3.016)	(5.953)
TOP	0.075	0.122	0.203***	−0.554***	0.078	−0.147**
	(0.945)	(1.349)	(2.945)	(−7.979)	(0.961)	(−2.292)
SOE	0.015	−0.093**	0.053**	0.193***	−0.001	0.240***
	(0.561)	(−2.341)	(2.254)	(8.222)	(−0.014)	(10.947)
ZSCORE	−0.004**	0.004**	0.005**	0.015***	0.011***	0.016***
	(−1.984)	(2.250)	(2.519)	(7.840)	(6.456)	(8.418)
_cons	−12.168***	−12.412***	−13.527***	−14.142***	−13.732***	−15.732***
	(−52.367)	(−40.034)	(−61.976)	(−69.077)	(−49.692)	(−77.218)
时间固定效应	No	No	Yes	No	No	Yes
行业固定效应	No	No	Yes	No	No	Yes
N	20555	20555	20555	20555	20555	20555
R^2	0.255	0.242	0.461	0.334	0.319	0.460

二、内生性检验

本节分别通过两阶段最小二乘法（2SLS）和系统 GMM 动态面板模型来对本书建立模型的内生性进行检验。

1. 两阶段最小二乘法内生性检验

寻找合适的工具变量是运用两阶段最小二乘法解决内生性问题的重要方法。自变量的行业均值表征同一行业中企业的政府补贴平均水平，它与单个企业的政府补贴相关，但与单个企业的双元创新行为没有直接关系，对单一企业而言具有外生性，因此符合工具变量的选取要求。本节采用政府补贴的行业均值作为工具变量，使用两阶段最小二乘法来进行分析。

检验结果如表 4-16 所示。在 2SLS 模型，1%的显著性水平下，政府补贴与 Mi、Ti 均呈现正相关的关系；相较于利用式创新，政府补贴水平的提高对探索式创新的影响会加重近 27 个百分点。结果表明本章提出的假设 H1B 成立，即政府补贴可以显著地促进制造业企业双元创新；相较于利用式创新，政府补贴水平对制造业企业探索式创新具有更显著的激励作用。

表 4-16　政府补贴的内生性检验结果

	(1) First SUB	(2) Second Mi	(3) First SUB	(4) Second Ti
IV	0.8852***		0.8852***	
	(20.6801)		(20.6801)	
SUB		1.036***		1.302***
		(8.175)		(10.915)
SIZE	−0.037***	0.681***	−0.037***	0.780***
	(−9.999)	(60.793)	(−9.999)	(73.950)
AGE	−0.059***	0.118***	−0.059***	0.017
	(−10.869)	(7.169)	(−10.869)	(1.092)
INDEP	−0.107*	0.164	−0.107*	−0.040
	(−1.700)	(0.995)	(−1.700)	(−0.259)

续表

	(1) First SUB	(2) Second Mi	(3) First SUB	(4) Second Ti
CR	−0.011***	−0.032***	−0.011***	−0.014***
	(−6.812)	(−7.435)	(−6.812)	(−3.661)
DUAL	−0.004	0.031	−0.004	0.044**
	(−0.519)	(1.604)	(−0.519)	(2.453)
MSHARE	−0.056***	0.412***	−0.056***	0.308***
	(−3.000)	(8.399)	(−3.000)	(6.660)
TOP	−0.018	0.262***	−0.018	−0.198***
	(−0.658)	(3.593)	(−0.658)	(−2.885)
SOE	0.029***	−0.023	0.029***	0.167***
	(3.078)	(−0.936)	(3.078)	(7.146)
ZSCORE	0.003***	0.002	0.003***	0.012***
	(3.274)	(0.725)	(3.274)	(6.0285
_cons	1.012***	−13.136***	1.012***	−15.885***
	(9.046)	(−37.540)	(9.046)	(−48.244)
时间固定效应	Yes	Yes	Yes	Yes
行业固定效应	Yes	Yes	Yes	Yes
N	20555	20555	20555	20555
R^2	0.073	0.385	0.073	0.374

2. GMM 内生性检验

对于动态面板模型，本节采用广义矩估计（GMM）方法对动态面板模型进行回归分析，并运用 Hansen test 统计量来验证工具变量的有效性。在 Hansen test 检验中，原假设认为工具变量是有效的，因此其统计量不应当显著，换言之，P 值应该大于 0.1。

检验结果如表 4-17 所示。在 GMM 模型，1%的显著性水平下，政府补贴与 Mi、Ti 均呈现正相关的关系；相较于利用式创新，政府补贴水平的提高对制造业企业探索式创新的影响会加重近 22 个百分点。表明本书提出的假设 H1B

成立，即政府补贴可以显著地促进制造业企业双元创新；相较于利用式创新，政府补贴水平对制造业企业探索式创新具有更显著的激励作用。

表 4-17　政府补贴的 GMM 内生性检验结果

	Mi	Ti
L. Mi	0.935***	
	(3.342)	
L. Ti		0.482**
		(2.090)
SUB	1.526***	1.742***
	(2.030)	(3.675)
SIZE	−0.202	−0.141
	(−0.488)	(−0.368)
AGE	−0.595	0.1597
	(−1.098)	(0.201)
INDEP	−16.994	−0.196
	(−1.618)	(−0.033)
CR	−1.134***	−0.097**
	(−3.718)	(−2.523)
DUAL	−2.474**	−1.965***
	(−2.271)	(−3.224)
MSHARE	2.946	−10.155***
	(1.064)	(−2.687)
TOP	3.097	4.372**
	(1.574)	(2.338)
SOE	0.053	−4.809***
	(0.093)	(−4.419)
ZSCORE	0.071	0.068***
	(1.526)	(3.258)

续表

	Mi	Ti
_ cons	12.747	4.129
	(1.298)	(0.558)
时间固定效应	Yes	Yes
N	16013	16013
AR（1）统计量	−5.508	−5.018
AR（1）P值	0.000	0.000
AR（2）统计量	1.506	0.969
AR（2）P值	0.132	0.333
Sargen 统计量	28.195	37.966
Sargen P 值	0.299	0.151
Hanssen 统计量	20.306	33.125
Hanssen P 值	0.731	0.317

三、稳健性检验

1. 逐步回归法

为了提高模型的稳健性，在模型中逐步加入不同类别控制变量，验证在不同控制变量下结论是否依然成立，结果如表 4-18 所示。结果显示，在加入不同类别控制变量，1%的显著性水平下，SUB 与 Mi、Ti 均呈现正相关关系，且后者明显高于前者，因此本书结论依然成立。

表 4-18　政府补贴的稳健性检验结果一（SUB 与 Mi）

	(1) Mi	(2) Mi	(3) Mi	(4) Mi	(5) Mi	(6) Mi	(7) Mi	(8) Mi	(9) Mi
SUB	0.072***	0.263***	0.269***	0.269***	0.261***	0.262***	0.265***	0.265***	0.265***
	(3.532)	(15.393)	(15.756)	(15.763)	(15.322)	(15.347)	(15.554)	(15.566)	(15.526)
SIZE		0.708***	0.684***	0.684***	0.665***	0.666***	0.675***	0.669***	0.667***
		(93.942)	(79.663)	(79.663)	(76.169)	(76.210)	(76.618)	(73.968)	(73.660)
AGE			0.058***	0.058***	0.032***	0.037***	0.067***	0.088***	0.082***
			(5.804)	(5.812)	(3.145)	(3.524)	(6.013)	(6.880)	(6.223)
INDEP				0.096	0.084	0.050	−0.025	−0.056	−0.055
				(0.620)	(0.547)	(0.325)	(−0.159)	(−0.363)	(−0.353)
CR					−0.032***	−0.032***	−0.033***	−0.034***	−0.034***
					(−10.779)	(−10.815)	(−11.160)	(−11.315)	(−11.356)
DUAL						0.042**	0.029	0.030*	0.036**
						(2.380)	(1.643)	(1.718)	(2.013)
MSHARE							0.336***	0.328***	0.350***
							(7.551)	(7.349)	(7.636)
TOP								0.228***	0.214***
								(3.342)	(3.114)

续表

	(1) Mi	(2) Mi	(3) Mi	(4) Mi	(5) Mi	(6) Mi	(7) Mi	(8) Mi	(9) Mi
SOE									0.049**
									(2.094)
_cons	1.275***	−14.113***	−13.674***	−13.711***	−13.145***	−13.173***	−13.428***	−13.445***	−13.418***
	(13.836)	(−77.966)	(−69.752)	(−66.944)	(−62.339)	(−62.382)	(−62.876)	(−62.954)	(−62.716)
时间固定效应	Yes	Yes	Yes	Yes	Yes	Yes	Yes	Yes	Yes
行业固定效应	Yes	Yes	Yes	Yes	Yes	Yes	Yes	Yes	Yes
N	20555	20555	20555	20555	20555	20555	20555	20555	20555
R^2	0.220	0.455	0.456	0.456	0.459	0.459	0.461	0.461	0.461

表 4-19　政府补贴的稳健性检验结果一（SUB 与 Ti）

	(1) Ti	(2) Ti	(3) Ti	(4) Ti	(5) Ti	(6) Ti	(7) Ti	(8) Ti	(9) Ti
SUB	0.278***	0.484***	0.486***	0.486***	0.484***	0.485***	0.486***	0.486***	0.483***
	(13.993)	(30.383)	(30.463)	(30.444)	(30.333)	(30.351)	(30.424)	(30.421)	(30.302)
SIZE		0.763***	0.755***	0.755***	0.752***	0.752***	0.756***	0.757***	0.751***
		(108.608)	(94.209)	(94.206)	(91.962)	(91.959)	(91.494)	(89.351)	(88.669)
AGE			0.020**	0.020**	0.0166*	0.019*	0.030***	0.026**	−0.003
			(2.181)	(2.164)	(1.650)	(1.950)	(2.912)	(2.178)	(−0.244)
INDEP				−0.180	−0.182	−0.206	−0.234	−0.228	−0.221
				(−1.253)	(−1.266)	(−1.429)	(−1.620)	(−1.574)	(−1.532)
CR					−0.005*	−0.006**	−0.006**	−0.006**	−0.006**
					(−1.941)	(−1.968)	(−2.103)	(−2.066)	(−2.284)
DUAL						0.030*	0.025	0.025	0.051***
						(1.815)	(1.514)	(1.498)	(3.050)
MSHARE							0.127***	0.128***	0.232***
							(3.030)	(3.065)	(5.414)
TOP								−0.045	−0.112*
								(−0.703)	(−1.750)

续表

	(1) Ti	(2) Ti	(3) Ti	(4) Ti	(5) Ti	(6) Ti	(7) Ti	(8) Ti	(9) Ti
SOE									0.228***
									(10.403)
_cons	0.869***	−15.725***	−15.571***	−15.502***	−15.406***	−15.426***	−15.522***	−15.518***	−15.392***
	(9.630)	(−93.136)	(−85.096)	(−81.092)	(−78.064)	(−78.050)	(−77.564)	(−77.523)	(−76.950)
时间固定效应	Yes	Yes	Yes	Yes	Yes	Yes	Yes	Yes	Yes
行业固定效应	Yes	Yes	Yes	Yes	Yes	Yes	Yes	Yes	Yes
N	20555	20555	20555	20555	20555	20555	20555	20555	20555
R^2	0.141	0.455	0.455	0.455	0.455	0.455	0.455	0.455	0.458

2. 更换估计方法

本节利用聚类稳健标准误固定效应模型回归方法进行估计。更改估计方法之后，在1%的显著性水平下，SUB与Mi、Ti均呈现正相关关系，且后者明显高于前者，这表明本章构建的模型是稳健有效的。

表4-20　政府补贴的稳健性检验结果二

	(1) Mi	(2) Ti
SUB	0.264***	0.480***
	(8.895)	(18.197)
SIZE	0.673***	0.768***
	(33.115)	(40.295)
AGE	0.074***	−0.028
	(2.901)	(−1.143)
INDEP	−0.054	−0.220
	(−0.194)	(−0.781)
CR	−0.040***	−0.025***
	(−7.315)	(−4.731)
DUAL	0.036	0.051
	(1.073)	(1.624)
MSHARE	0.358***	0.255***
	(3.775)	(3.025)
TOP	0.203	−0.147
	(1.355)	(−1.044)
SOE	0.053	0.240***
	(1.031)	(4.590)
ZSCORE	0.005	0.016***
	(1.563)	(5.138)
_cons	−13.527***	−15.732***
	(−29.649)	(−35.882)

续表

	(1) Mi	(2) Ti
时间固定效应	Yes	Yes
行业固定效应	Yes	Yes
N	20555	20555
R^2	0.461	0.460

四、门槛效应分析

本节选用政府补贴作为解释变量利用面板数据进行门槛效应检验，用以分析政府补贴对制造业企业双元创新之间的非线性关系。表 4-21 为以 Mi 为被解释变量的门槛检验，根据检验结果可知变量 ZSCORE、ROA 的 P 值小于 0.1，在 10%的显著性水平下拒绝原假设，具有显著的门槛效应，变量 AGE、TOP 和 SIZE 并未通过门槛效应检验，之后对 ZSCORE、ROA 进行双门槛检验。

表 4-21　政府补贴的门槛检验（Mi 为被解释变量）

	ZSCORE	AGE	SIZE	TOP	ROA
单门槛	0.080	0.610	0.660	0.540	0.080
双门槛	0.440				0.660
三门槛					

表 4-22 为进行的门槛回归的结果，第 1 列结果显示，相对于低融资约束制造业企业，政府补贴可以更显著地促进高融资约束制造业企业利用式创新。第 2 列结果显示，相对于高盈利能力制造业企业，政府补贴可以更显著地促进低盈利能力制造业企业利用式创新。

表 4-22　政府补贴的门槛回归结果（以 Mi 为被解释变量）

	(1) Mi	(2) Ti
门槛变量	ZSCORE	ROA
0. _ cat # c. SUB	0.153***	0.250***
	(2.678)	(4.528)
1. _ cat # c. SUB	0.305***	0.046
	(4.188)	(0.589)
SIZE	0.704***	0.700***
	(16.105)	(16.023)
AGE	0.371***	0.369***
	(6.0781)	(6.051)
INDEP	−0.427	−0.419
	(−0.840)	(−0.824)
CR	0.019*	0.018*
	(1.838)	(1.750)
DUAL	−0.011	−0.013
	(−0.187)	(−0.222)
MSHARE	−0.079	−0.069
	(−0.305)	(−0.268)
TOP	0.716**	0.699**
	(2.442)	(2.385)
SOE	−0.161	−0.191
	(−1.244)	(−1.475)
ZSCORE	−0.011**	−0.005
	(−2.109)	(−1.099)
0. _ cat # c. SUB	0.153***	0.250***
	(2.678)	(4.528)
1. _ cat # c. SUB	0.305***	0.046
	(4.188)	(0.589)

续表

	(1) Mi	(2) Ti
_cons	−13.880***	−13.817***
	(−14.585)	(−14.522)
时间固定效应	YES	YES
企业固定效应	YES	YES
N	2756	2756
R^2	0.320	0.321

表 4-23 为以 Ti 为被解释变量的门槛检验，根据检验结果可知变量 ZSCORE、AGE 的 P 值小等于 0.1，在 10%的显著性水平下拒绝原假设，具有显著的门槛效应；变量 SIZE、TOP 和 ROA 并未通过门槛效应检验，之后对 ZSCORE、AGE 进行双门槛检验。

表 4-23　政府补贴的门槛检验（Ti 为被解释变量）

	ZSCORE	AGE	SIZE	TOP	ROA
单门槛	0.000	0.040	0.810	0.140	0.630
双门槛	0.380	0.280			
三门槛					

表 4-24 为门槛回归结果。第 1 列结果显示，相对于低融资约束制造业企业，政府补贴可以更显著地促进高融资约束制造业企业探索式创新。第 2 列结果显示，相对于低年龄组制造业企业，政府补贴可以更显著地促进高年龄组制造业企业探索式创新。

表 4-24　政府补贴的门槛回归结果（Ti 为被解释变量）

	(1) Ti	(2) Ti
门槛变量	ZSCORE	AGE
0. _cat#c. SUB	0.003	−0.074
	(0.056)	(−0.976)
1. _cat#c. SUB	0.218***	0.153***
	(3.776)	(3.020)
SIZE	0.646***	0.635***
	(16.305)	(15.995)
AGE	0.453***	0.409***
	(8.193)	(7.155)
INDEP	−0.148	−0.100
	(−0.320)	(−0.216)
CR	0.006	0.007
	(0.588)	(0.714)
DUAL	0.045	0.041
	(0.879)	(0.786)
MSHARE	0.477**	0.562**
	(2.046)	(2.398)
TOP	1.010***	1.015***
	(3.800)	(3.813)
SOE	−0.148	−0.181
	(−1.262)	(−1.541)
ZSCORE	−0.003	0.001
	(−0.597)	(0.287)
_cons	−13.263***	−12.977***
	(−15.385)	(−14.993)
时间固定效应	YES	YES

续表

	(1) Ti	(2) Ti
企业固定效应	YES	YES
N	2756	2756
R^2	0.345	0.344

第五节　研发加计扣除政策与政府补贴的影响效应对比分析

政府激励的效应按作用方式可划分为直接作用和间接作用两种：直接作用是直接性的政府补贴或补助，即政府根据当前国家有关政策对符合标准的制造业企业给予直接的资金支持；间接作用是间接性的税收减免政策，指政府通过税收减免的方式对纳税企业给予应纳税款上的优惠，研发加计扣除政策是其中很有代表性的一种政策。两者的激励对象、激励方式各有侧重，在政策机制、作用机理上存在差异，政策效果也有所不同。因此，本章通过似不相关回归比较政府补贴和研发加计扣除政策对制造业企业双元创新的影响差异。

表 4-25 为似不相关回归结果。从第 1 列可以看出，研发加计扣除政策（Index）的回归系数为 0.005，在 5%的显著性水平下，政府补贴（SUB）的回归系数为 0.004，未通过显著性检验；从第 2 列可以看出，在 1%的显著性水平下，政府补贴的回归系数为 0.023，而研发加计扣除政策的回归系数为 0.028，高于政府补贴的影响系数。因此，综合来看，相较于政府补贴，研发加计扣除政策对制造业企业双元创新的促进作用更大。

表 4-25　似不相关回归结果

	Mi	Ti
Index	0.005**	0.028***
	(2.468)	(7.796)

续表 1

	Mi	Ti
SIZE	0.662***	0.748***
	(71.423)	(87.098)
AGE	0.058***	−0.056***
	(4.330)	(−4.494)
INDEP	−0.056	−0.235*
	(−0.362)	(−1.646)
CR	−0.041***	−0.028***
	(−10.926)	(−7.969)
DUAL	0.033*	0.047***
	(1.826)	(2.850)
MSHARE	0.343***	0.225***
	(7.479)	(5.299)
TOP	0.188***	−0.167***
	(2.740)	(−2.626)
SOE	0.057**	0.248***
	(2.434)	(11.412)
ZSCORE	0.006***	0.016***
	(2.760)	(8.847)
_cons	−13.089***	−14.965***
	(−60.489)	(−74.600)
SUB	0.004**	0.023***
	(1.205)	(4.646)
SIZE	0.662***	0.748***
	(71.084)	(86.076)
AGE	0.058***	−0.055***
	(4.318)	(−4.369)
INDEP	−0.056	−0.237
	(−0.363)	(−1.640)

续表 2

	Mi	Ti
CR	−0.042***	−0.029***
	(−10.904)	(−8.024)
DUAL	0.033*	0.049***
	(1.831)	(2.896)
MSHARE	0.343***	0.228***
	(7.455)	(5.307)
TOP	0.187***	−0.172***
	(2.716)	(−2.665)
SOE	0.058**	0.251***
	(2.442)	(11.386)
ZSCORE	0.006***	0.016***
	(2.760)	(8.813)
_cons	−13.093***	−14.994***
	(−60.217)	(−73.840)
时间固定效应	Yes	Yes
行业固定效应	Yes	Yes
N	20450	20450
R^2	0.455	0.440
Breusch-Pagan test	19862.626***	18474.930***

第六节　本章小结

本章建立双向固定效应模型验证出政府激励对于上市制造业企业双元创新有着显著的促进作用，并通过建立 2SLS 模型以及 GMM 动态模型进行内生性检验，运用逐步回归检验以及更改估计方法两种方式进行稳健性检验，表明本章结论是稳健有效的。同时又构建门槛面板回归模型检验研发加计扣除政策和政府补贴对制造业企业双元创新之间的非线性关系的形成原因进行分析。最后通过似不相关回归模型比较政府补贴和研发加计扣除政策对上市制造业企业双元创新的影响差异，得出相较于政府补贴，研发加计扣除政策对制造业企业双元创新的促进作用更大的结论。

第五章　政府激励对制造业企业双元创新影响的异质性研究

第四章实证研究表明了研发加计扣除政策和政府补贴两种政府激励方式均能对制造业企业双元创新起到正向激励作用。然而，一个关键的问题在于，政府激励是否对制造业企业双元创新产生了异质性影响？解答此问题将有助于针对不同企业提出有针对性的策略建议。本章在分析政府激励对制造业企业创新活动整体影响的基础上，结合企业的具体特征等因素，采用制造业企业的面板数据，检验企业的异质性，包括产权异质性、区域特征异质性、生命周期异质性、技术类型异质性、要素密集度异质性等，是否会造成政府激励对制造业企业双元创新产生差异化影响。

第一节　研究假设

一、企业产权异质性影响双元创新效果

1. 产权异质性下，研发加计扣除政策与制造业企业双元创新的关系

产权性质不同的制造业企业在组织管理架构、资源禀赋、生产经营模式、市场环境等方面存在诸多差异，虽其享受同样的研发加计扣除政策，但政策对制造业企业创新的促进作用具有各自的特点。其中，由于产权性质不同，研发加计扣除政策对国有制造业企业和民营制造业企业的激励效果存在不同。分别来看，国有制造业企业并不过分青睐于研发创新活动，其主要以促进国家经济

增长、稳定社会就业为首要任务，组织考核的主要内容是企业营业收入，创新意愿并不强烈；国有制造业企业的委托代理形式会造成其创新激励意愿不强；以上几种因素都会抑制国有制造业企业高效利用研发加计扣除政策的主动性。对民营制造业企业而言，相对灵活的管理体制更有利于企业高效地调整创新战略选择；外部激烈的市场竞争促使企业不断地开展研发创新活动。因此，研发加计扣除政策能够更有效地降低民营制造业企业的研发成本，缓解民营制造业面临的融资约束，提高民营制造业企业的利用式创新和探索式创新的创新效率。

据此，提出假设：

H2A：相对于国有制造业企业，研发加计扣除政策可以更显著地促进民营制造业企业双元创新战略的实施。

2. 产权异质性下，政府补贴与制造业企业双元创新的关系

政府在对制造业企业进行资金支持的效果会因企业产权性质而出现差异。产权性质不同的企业，其自身的资源禀赋不同，导致企业在享受政府补贴后对资金的利用效果与企业创新信号释放传递方式存在差异。

国有制造业企业更受国家和政府的重视。在经营面临困难时，政府会积极进行资金补助，但这不利于提高国有制造业企业创新主动性和自主性。另外国有制造业企业因其具有充足的资源而产生的资源冗余问题，会进一步削弱企业开展双元创新活动的意愿，尤其是周期长、风险大的探索式创新。因此，政府补贴对国有制造业企业的双元创新激励效果不显著。

民营制造业企业自身资源相对匮乏，在残酷的市场竞争中生存和经营压力较大，导致对技术创新的主动性较强，迫切需要资源支持企业研发活动，提高企业创新能力。政府补贴直接有效地缓解了民营制造业企业研发创新的融资约束问题，有力地给予了企业研发资金支持。民营制造业企业在获取政府补贴的过程中，其申请手续和流程比国有制造业企业复杂，所以民营制造业企业通常会更重视政府补贴资金的利用效率。政府在支持民营制造业企业的同时也有向社会投资者传递优质企业信号的作用，帮助民营制造业企业进一步获得社会资金支持。民营制造业企业由于在组织形式上没有多重代理与复杂问责形式的问题，在管理上较为灵活，开展研发创新活动中更具自主性，利用创新资源进行研发创新的效率更高。而且民营制造业企业的创新效率优于国有制造业企业。

彭娟从企业研发效率考察发现，民营制造业企业在研发费用投入效率和在研发人员投入效率上，均优于、高于国有制造业企业。

据此，提出假设：

H2B：相对于国有制造业企业，政府补贴可以更显著地促进民营制造业企业双元创新战略的实施。

二、企业区域特征异质性影响双元创新效果

1. 区域异质性下，研发加计扣除政策与制造业企业双元创新的关系

现阶段我国各地区经济发展存在不平衡现象，不同地区的制造业企业的生产要素密集程度、市场开放程度、信息获取能力、运输条件等存在诸多差异，影响着税收优惠政策的激励效应。在此背景下，较多研究者开始探究区域经济视角下的税收政策。崔也光和王京指出，研发加计扣除政策对不同区域的制造业企业的创新激励效果表现出各自的特点，不同区域制造业企业对政策的利用效率存在差异。毛晖等对我国 21 个省市的研发创新环境以因子分析法进行评估，结论是经济水平越高，研发创新环境越好，研发创新环境的差异体现地区间的发展不平衡性。以区域创新理论为基础，区域研发环境会影响研发加计扣除政策对制造业企业的影响效果。开放、健全的区域创新系统环境更利于市场创新资源的流动和研发加计扣除政策对制造业企业的影响，激励企业加大探索式和利用式创新力度。结合实际情况来看，我国东部地区对外开放程度和市场化程度较高，经济也较发达，为制造业企业营造了更为系统和完备的区域创新环境，让制造业企业更容易吸引国内外高精尖的专业人才，更为便利学习国外的先进技术，拥有更强的创新动力和更好的资源便利性；而中西部地区的对外开放程度和市场化程度相对较低，经济发展较慢，人力资本较弱，区域创新环境和氛围较差，政府政策的发挥空间有限，导致制造业企业对税收优惠政策的利用率较低。

基于上述分析，提出假设：

H3A：相对于中西部地区制造业企业，研发加计扣除政策可以更显著地促进东部制造业企业双元创新战略的实施。

2. 区域异质性下，政府补贴与制造业企业双元创新的关系

贺炎林等认为不同地区的制造业企业其资源禀赋、政策制度和员工素质等

方面存在差异，导致政府补贴对进制造业企业创新的激励效果参差不齐。以区域经济为视角来研究财税政策实施效果成为当前学术界研究的热点之一。学者们认为东、中、西部的异质性在很大程度上展现出了不同经济发展水平和制度环境的差异。第一，我国东部地区经济发展水平和市场化程度较高，对外交流更频繁，能够学习世界上较为先进的知识和技术，制造业企业创新氛围浓厚，制造业企业技术研发主动性更强。而中西部地区经济水平和市场开放程度较落后，制造业企业研发创新积极性不够，市场制度有待完善；第二，东部地区制造业企业管理制度更完善、金融市场更开放，制造业企业能够充分利用好政府补贴的资金来实现技术创新的目的，而中西部地区制造业企业管理组织尚待完善，金融市场环境对制造业企业的支持力度有限，导致企业对资金的利用效率较低；第三，东部地区经济和科技水平较为先进，能够吸引大批科技人才，保证制造业企业人力资源储备，为企业技术创新打下人才基础，而中西部地区科技和经济水平的落后，造成人才流失，企业难以储备科技人才，阻碍企业创新活动开展。

基于上述分析，提出假设：

H3B：相对于中西部地区制造业企业，政府补贴可以更显著地促进东部制造业企业双元创新战略的实施。

三、企业生命周期异质性影响双元创新效果

1. 生命周期异质性下，研发加计扣除政策与制造业企业双元创新的关系

以企业生命周期理论为研究视角，发现制造业企业在各生命周期的特征不一致，具体表现在企业治理、经营战略、财务现状、发展规划等方面。研发加计扣除政策的效果对处于不同生命周期的制造业企业激励效果存在差异。企业按照现金流组合标准可以划分为初创期、成长期、成熟期、衰退期和动荡期五个阶段。成熟期阶段的制造业企业具有以下特点：利润收入稳定、销售渠道广泛、组织架构完备、管理运营合理等，成熟期企业利润空间和资本收益逐渐下降导致权益资金收益走向衰减，较多的债务融资容易引发债务风险，加大了制造业企业在有限的盈利空间中提高研发投入的难度。而初创期和成长期阶段的制造业企业的特点是：企业融资约束和市场竞争压力大，资本性支出大于费用化支出等，成长期制造业企业的现实任务是在面对竞争对手的压力下，在市场

中占有一席之地，前期资金主要用于建设厂房、仓库和采购机器设备等以期扩大制造业企业产能。初创期、成长期制造业企业迫切需要技术研发创新，实现企业快速成长，因此初创期、成长期制造业企业更需要和重视研发加计扣除政策带来的现金减免优惠，间接增加制造业企业可用于创新活动的支配现金流，提高企业研发投入的力度和主动性。

通过上述分析比较，研发加计扣除政策对成熟期制造业企业创新的影响与初创期、成长期制造业企业相比有所减弱，故提出假设：

H4A：相对于成熟期制造业企业，研发加计扣除政策可以更显著地促进初创期、成长期制造业企业双元创新战略的实施。

2. 生命周期异质性下，政府补贴与制造业企业双元创新的关系

根据企业生命周期理论，制造业企业在不同的生命周期阶段，其组织结构、运营效率、资源配置、资本需求等方面展现出的特征各不相同，这些特征会影响企业对研发创新所作的评估决策，也导致政府补贴对于不同生命周期的制造业企业双元创新产生不一致的影响。首先对处于成熟期的制造业企业来说，此阶段企业项目市场和高利润产品的市场占有率较高，具有完善的品牌形象与企业声誉，并且已向社会市场释放优质企业的信号，降低了企业与社会资本间的信息不对称性，拓宽了融资渠道，企业拥有充足的现金流来支持研发创新活动。企业总体发展较为稳定，各项能力与资源都趋于行业领先地位，因此成熟期阶段的制造业企业对政府补贴的创新激励作用不太敏感；对于初创期、成长期制造业企业而言，企业未建立良好的市场声誉与形象，与市场投资者之间具有很强的信息不对称性，融资渠道较窄，面临的外部融资压力较大，债务融资又具有的财务杠杆效应，容易引发经营风险，而企业内部资金又往往不充足，难以支撑长期的探索式创新活动。尚未形成稳定利润的初创期、成长期制造业，迫切需要开展规模较大的研发创新活动来保证市场份额和企业核心竞争力，以求在迭代迅速的制造业市场有立锥之地。政府补贴资金能够直接有效缓解制造业企业融资约束的压力，所以处于此阶段的制造业企业创新主动性较强，对政府补贴资金的敏感性较高。

基于上述分析，提出假设：

H4B：相对于成熟期制造业企业，政府补贴可以更显著地促进初创期、成

长期制造业企业双元创新战略的实施。

四、企业技术类型异质性影响双元创新效果

1. 技术类型异质性下，研发加计扣除政策与制造业企业双元创新的关系

研发加计扣除政策对制造业企业创新的激励效果因企业技术类型不同而存在差异。由于高新技术制造业企业与非高新技术制造业企业所享受的企业所得税优惠政策不同，导致这两类企业在支付企业所得税时的有效边际税率存在差异。研发加计扣除政策作为一种重要的税收优惠手段，其创新促进作用受到边际税率的影响。在我国，高新技术制造业企业享受所得税优惠政策，实际有效边际税率较低。假定其他条件保持不变，研发加计扣除政策能够帮助这些企业节省更多的运营现金流，增加此类企业的创新投入，从而促进创新产出和创新效率的提高。而非高新技术制造业企业有效边际税率较高，这在一定程度上抵消了研发加计扣除政策的优惠效果。此外，高新技术制造业企业的创新活动更加活跃，行业与企业层面的诸多因素均会进一步刺激企业创新，因此，单一政策会进一步激励制造业企业双元创新。但是对非高新技术制造业企业来说，在行业层面和企业层面对企业创新的影响因素较少，所以受研发加计扣除政策的激励效果可能不如高新技术制造业企业。而与非高新技术制造业企业相比，高新技术制造业企业拥有更强的创新意愿和创新能力，同时承担着研发高新技术的任务，有一定的创新风险和收益不确定性，研发加计扣除政策有助于降低企业创新成本，分担创新风险，提升政策强度，更有利于高新技术制造业企业加大创新投入力度。站在企业治理视角上，陈珍珍和何宇等参考了高新技术企业的认定对制造业企业创新的作用，并运用 PSM 克服自选择性，发现高新技术认定能够显著提升制造业企业的研发人力资本投入和创新投入力度。另外，高新技术制造业企业作为行业内科学技术领域的主要领军企业，需要不断进行探索式创新活动来开发或革新技术。

基于上述分析，提出假设：

H5A：相对于非高新技术制造业企业，研发加计扣除政策可以更显著地促进高新技术制造业企业双元创新战略的实施。

2. 技术类型异质性下，政府补贴与制造业企业双元创新的关系

从企业技术要素构成角度来看，制造业企业可划分为高新技术制造业和非高新技术制造业。高新技术制造业具有技术革新速度快的特点，这类企业保持市场竞争优势的核心关键是不断进行技术研发创新。非高新技术制造业技术创新速度较慢，企业并不依靠研发创新活动来提高企业竞争力。通过比较发现，创业板上市公司中的高新技术制造业企业规模相对较小，但是其创新活动经费较高，研发资金普遍紧张，创新风险较大。在获得政府补贴后，制造业企业管理层通常会选择扩大制造业企业研发规模并加大创新投入力度。相比非高新技术行业，政府补贴对高新技术制造业企业的创新影响更大，高新技术制造业企业的创新效率与创新存量之比的弹性高于非高新技术行业。李婧和李杨对技术密集型、资本密集型和劳动密集型的制造业企业进行研发创新领域的比较，发现技术密集型制造业企业的发明专利数最多且增长速度最快。这是由于政府补贴对高新技术制造业企业的创新发展更有效。

基于上述分析，我们提出如下假设：

H5B：相对于非高新技术制造业企业，政府补贴可以更显著地促进高新技术制造业企业双元创新战略的实施。

五、企业要素密集度异质性影响双元创新效果

1. 要素密集度异质性下，研发加计扣除政策与制造业企业双元创新的关系

企业要素密集度指的是企业在生产活动中不同生产要素的参与程度。企业的要素密集度越高，企业在生产过程中对资本、技术、劳动力等生产要素的依赖程度越高，就越需要更多的不可替代生产要素。其中，农业和纺织业属于劳动密集型产业，电子信息产业和高端制造产业分别属于技术密集型产业和资本密集型产业。要素密集度不同的企业所依赖的要素种类不同，受政策的激励效果存在一定差异。研发加计扣除政策主要功能是减少企业缴税成本，增加企业整体收益，因此对资本密集型制造业企业有一定激励效果；技术密集型制造业企业对技术研发创新有迫切的需要，企业在创新活动中的投入相对较大，因此研发加计扣除政策能够鼓励制造业企业加大创新力度，创新成果越多税收减免力度越大，越能够帮助制造业企业扩大研发规模与强度，进一步提高技术创新

水平。因此研发加计扣除政策在资本密集型和技术密集型制造业企业中发挥的影响较大。虽然劳动密集型和资源密集型制造业企业依赖劳动力和固定资源，对于研发投入的需求相对较小，但劳动密集型和资源密集型制造业企业面临日益增加的劳动力成本、绿色节能转型升级的压力，也越发对研发加计扣除政策给予重视和关注。

基于上述分析，提出假设：

H6A：相对于低要素密集度制造业企业，研发加计扣除政策可以更显著地促进高要素密集度制造业企业双元创新战略的实施。

2. 要素密集度异质性下，政府补贴与制造业企业双元创新的关系

不同要素密集度的制造业企业对要素的投入需求存在差异，所以政府补贴对要素密集度不同的制造业企业的激励影响存在不同。对于资本密集型制造业企业而言，政府补贴能够降低企业税收成本、扩大企业留存收益；对于技术密集型制造业企业而言，政府补贴能够加大企业研发投入，降低技术创新风险，增加企业创新机器设备。因此，政府补贴对于技术密集型和资本密集型制造业企业的创新激励性较强；资源密集型和劳动密集型制造业企业对资源和劳动力的需求大于政府补贴的支持，但由于制造业企业自身面对绿色节能转型升级、劳动力成本提高的压力，所以对政府补贴也逐渐重视和关注。总体来说，政府补贴对于依赖各种生产要素的制造业企业能够产生显著的激励作用。

基于上述分析，提出假设：

H6B：相对于低要素密集度制造业企业，政府补贴可以更显著地促进高要素密集度制造业企业双元创新战略的实施。

第二节　政府激励对制造业企业双元创新影响的异质性

一、企业产权性质异质性分析

1. 企业产权性质异质性下，研发加计扣除政策与制造业企业双元创新的关系

为了考察产权性质对研发加计扣除政策实施效果的影响，验证假设 H2A，

根据所在产权性质的不同，将样本企业分为国有制造业企业和民营制造业企业，结果见表 5-1。在国有制造业企业与民营制造业企业中，Index 与 Ti、Mi 在 1%的显著性水平下均呈现正相关的关系；但是相较于国有制造业企业，民营制造业企业 Index 与 Ti 的相关系数高了 8 个百分点，与 Mi 的相关系数高了 2 个百分点，结果表明假设 H2A 成立，即相对于国有制造业企业，研发加计扣除政策可以更显著地促进民营制造业企业双元创新战略的实施。

表 5-1　制造业企业经营性质异质性分析结果（Index 与 Mi、Ti）

	国有 Mi	民营 Mi	国有 Ti	民营 Ti
Index	0.216***	0.236***	0.285***	0.368***
	(5.684)	(17.761)	(8.240)	(30.308)
SIZE	0.568***	0.657***	0.605***	0.757***
	(14.612)	(58.473)	(17.098)	(73.836)
AGE	0.146**	0.080***	0.028	−0.063***
	(2.341)	(5.267)	(0.497)	(−4.522)
INDEP	0.117	−0.059	−0.308	−0.258
	(0.351)	(−0.329)	(−1.013)	(−1.577)
CR	−0.012	−0.035***	−0.027**	−0.018***
	(−0.934)	(−8.748)	(−2.250)	(−4.980)
DUAL	0.131***	0.034*	−0.008	0.066***
	(2.638)	(1.775)	(−0.181)	(3.818)
MSHARE	0.762	0.324***	0.342	0.213***
	(1.062)	(6.923)	(0.523)	(4.978)
TOP	0.749***	0.258***	0.946***	−0.259***
	(3.692)	(3.244)	(5.128)	(−3.558)
ZSCORE	−0.002	0.002	0.009*	0.012***
	(−0.453)	(1.037)	(1.938)	(6.166)

续表

	国有 Mi	民营 Mi	国有 Ti	民营 Ti
_cons	−10.648***	−12.006***	−11.300***	−14.035***
	(−12.260)	(−47.738)	(−14.293)	(−61.094)
时间固定效应	Yes	Yes	Yes	Yes
行业固定效应	Yes	Yes	Yes	Yes
N	4484	15891	4484	15891
R^2	0.826	0.437	0.852	0.420

2. 企业产权性质异质性下，政府补贴与制造业企业双元创新的关系

为了考察产权性质对政府补贴实施效果的影响，验证假设 H2B，根据所在产权性质的不同，将样本企业分为国有制造业企业和民营制造业企业，结果见表 5-2。在国有制造业企业与民营制造业企业中，SUB 与 Ti、Mi 在 1%的显著性水平下均呈现正相关的关系；但是相较于国有制造业企业，民营制造业企业 SUB 与 Ti 的相关系数高了 1 个百分点，与 Mi 的相关系数高了 16 个百分点，结果表明假设 H2 成立，即相对于国有制造业企业，政府补贴可以更显著地促进民营制造业企业双元创新战略的实施。

表 5-2 制造业企业经营性质异质性分析结果（SUB 与 Mi、Ti）

	国有 Mi	民营 Mi	国有 Ti	民营 Ti
SUB	0.112***	0.275***	0.498***	0.502***
	(3.479)	(12.424)	(14.457)	(26.467)
SIZE	0.564***	0.618***	0.745***	0.732***
	(14.614)	(48.589)	(43.711)	(67.225)
AGE	0.136**	−0.004	−0.003	−0.106***
	(2.186)	(−0.212)	(−0.101)	(−7.173)
INDEP	0.148	0.580***	0.129	0.042
	(0.446)	(2.833)	(0.422)	(0.237)

续表

	国有 Mi	民营 Mi	国有 Ti	民营 Ti
CR	−0.012	−0.044***	−0.032***	−0.021***
	(−0.970)	(−9.432)	(−2.638)	(−5.312)
DUAL	0.133***	0.060***	−0.146***	0.096***
	(2.691)	(2.741)	(−2.696)	(5.143)
MSHARE	0.590	0.461***	−1.131***	0.331***
	(0.823)	(8.595)	(−2.837)	(7.209)
TOP	0.682***	0.012	0.292**	−0.765***
	(3.373)	(0.133)	(2.139)	(−9.921)
ZSCORE	−0.003	−0.010***	0.027***	0.012***
	(−0.650)	(−4.146)	(5.234)	(5.618)
_cons	−10.566***	−11.222***	−14.491***	−13.526***
	(−12.257)	(−39.162)	(−39.004)	(−55.143)
时间固定效应	Yes	Yes	Yes	Yes
行业固定效应	Yes	Yes	Yes	Yes
N	4591	15964	4591	15964
R^2	0.829	0.246	0.538	0.318

二、企业所属区域异质性分析

1. 企业所属区域异质性下，研发加计扣除政策与制造业企业双元创新的关系

为了考察区位因素对研发加计扣除政策实施效果的影响，验证假设 H3A，将样本企业按照所在地区不同，分为东部地区和中西部地区，结果见表 5-3。在全国各地区中，Index 与 Ti、Mi 在 1%的显著性水平下均呈现正相关的关系；但是相对于中西部地区制造业企业，东部地区 Index 与 Ti 的相关系数高了 48 个百分点，与 Mi 的相关系数高了 26 个百分点，结果表明假设 H3A 成立，即

相对于中西部地区制造业企业，研发加计扣除政策可以更显著地促进东部制造业企业双元创新战略的实施。

表 5-3 地区的异质性分析结果（Index 与 Mi、Ti）

	东部 Mi	中西部 Mi	东部 Ti	中西部 Ti
Index	0.420***	0.155***	0.716***	0.230***
	(21.224)	(9.730)	(39.923)	(15.293)
SIZE	0.675***	0.695***	0.792***	0.723***
	(60.527)	(41.348)	(78.360)	(45.387)
AGE	0.074***	−0.001	−0.027*	−0.103***
	(4.607)	(−0.057)	(−1.873)	(−4.353)
INDEP	0.207	−0.498*	0.279*	−0.995***
	(1.125)	(−1.763)	(1.676)	(−3.720)
CR	−0.030***	−0.035***	−0.008*	−0.025***
	(−6.738)	(−4.554)	(−1.956)	(−3.500)
DUAL	0.020	0.024	0.013	0.047
	(0.994)	(0.661)	(0.690)	(1.361)
MSHARE	0.314***	0.375***	0.189***	0.212**
	(6.063)	(3.852)	(4.028)	(2.297)
TOP	0.336***	−0.069	−0.047	−0.171
	(4.077)	(−0.547)	(−0.632)	(−1.436)
SOE	0.029	0.050	0.189***	0.274***
	(0.967)	(1.261)	(6.932)	(7.313)
ZSCORE	0.002	0.006	0.013***	0.010***
	(0.944)	(1.473)	(5.965)	(2.874)
_cons	−13.489***	−13.065***	−15.640***	−14.018***
	(−51.453)	(−34.022)	(−65.805)	(−38.521)
时间固定效应	Yes	Yes	Yes	Yes
行业固定效应	Yes	Yes	Yes	Yes

续表

	国有 Mi	民营 Mi	国有 Ti	民营 Ti
N	14424	6026	14424	6026
R^2	0.474	0.475	0.500	0.464

注：东部地区为北京、天津、河北、上海、江苏、浙江、福建、山东、广东和海南 10 省（市）；中部地区为山西、安徽、江西、河南、湖北和湖南 6 省；西部地区为内蒙古、广西、重庆、四川、贵州、云南、西藏、陕西、甘肃、青海、宁夏和新疆 12 省（区、市）；东北地区为辽宁、吉林和黑龙江。

2. 企业所属区域异质性下，政府补贴与制造业企业双元创新的关系

为了考察区位因素对政府补贴实施效果的影响，验证假设 H3B，将样本企业按照所在地区不同，分为东部地区和中西部地区，结果见表 5-4。在全国各地区中，SUB 与 Ti、Mi 在 1%的显著性水平下均呈现正相关关系；但是相对于中西部地区制造业企业，东部地区 SUB 与 Ti 的相关系数高了 10 个百分点，与 Mi 的相关系数高了近 9 个百分点。结果表明假设 H3B 成立，即相对于中西部地区制造业企业，政府补贴可以更显著地促进东部制造业企业双元创新战略的实施。

表 5-4 地区的异质性分析结果（SUB 与 Mi、Ti）

	东部 Mi	中西部 Mi	东部 Ti	中西部 Ti
SUB	0.294***	0.208***	0.529***	0.427***
	(13.553)	(7.364)	(26.368)	(16.003)
SIZE	0.667***	0.707***	0.779***	0.748***
	(59.517)	(41.879)	(75.223)	(47.063)
AGE	0.094***	0.001	0.008	−0.091***
	(5.807)	(0.033)	(0.510)	(−3.854)
INDEP	0.119	−0.494*	0.162	−1.025***
	(0.643)	(−1.750)	(0.948)	(−3.855)

续表

	东部 Mi	中西部 Mi	东部 Ti	中西部 Ti
CR	−0.039***	−0.039***	−0.022***	−0.030***
	(−8.801)	(−5.105)	(−5.517)	(−4.148)
DUAL	0.039*	0.029	0.040**	0.056
	(1.908)	(0.791)	(2.075)	(1.638)
MSHARE	0.338***	0.424***	0.238***	0.279***
	(6.489)	(4.350)	(4.926)	(3.039)
TOP	0.302***	−0.144	−0.105	−0.297**
	(3.651)	(−1.147)	(−1.376)	(−2.515)
SOE	0.032	0.101**	0.191***	0.352***
	(1.046)	(2.558)	(6.826)	(9.466)
ZSCORE	0.004*	0.007*	0.016***	0.013***
	(1.652)	(1.885)	(7.202)	(3.572)
_cons	−13.691***	−13.620***	−16.020***	−15.038***
	(−51.687)	(−35.145)	(−65.369)	(−41.182)
时间固定效应	Yes	Yes	Yes	Yes
行业固定效应	Yes	Yes	Yes	Yes
N	14493	6062	14493	6062
R^2	0.465	0.473	0.471	0.468

注：东部地区为北京、天津、河北、上海、江苏、浙江、福建、山东、广东和海南10省（市）；中部地区为山西、安徽、江西、河南、湖北和湖南6省；西部地区为内蒙古、广西、重庆、四川、贵州、云南、西藏、陕西、甘肃、青海、宁夏和新疆12省（区、市）；东北地区为辽宁、吉林和黑龙江。

三、企业生命周期异质性分析

1. 企业生命周期异质下，研发加计扣除政策与制造业企业双元创新的关系

为了考察企业生命周期对研发加计扣除政策实施效果的影响，验证假设

H4A，在前文生命周期的划分基础上，本节参照现金流量划分办法，将经营现金流量为正，投资和筹资现金流量为负的企业划分为成熟期制造业企业和其他生命周期制造业企业，结果见表 5-5。在成熟期与其他生命周期的制造业企业中，Index 与 Ti、Mi 在 1%的显著性水平下均呈现正相关关系；但是相比于成熟期，其他生命周期制造业企业 Index 与 Ti 的相关系数高了 10 个百分点，与 Mi 的相关系数高了 6 个百分点，结果表明假设 H4A 成立，即相对于成熟期制造业企业，研发加计扣除政策可以更显著地促进初创期、成长期制造业企业双元创新战略的实施。

表 5-5 生命周期异质性（Index 与 Mi、Ti）

	成熟期 Mi	其他生命周期 Mi	成熟期 Ti	其他生命周期 Ti
Index	0.222***	0.280***	0.367***	0.469***
	(11.692)	(17.378)	(20.810)	(31.487)
SIZE	0.688***	0.665***	0.770***	0.763***
	(43.656)	(57.430)	(52.636)	(71.269)
AGE	0.010	0.059***	−0.112***	−0.040***
	(0.388)	(3.659)	(−4.519)	(−2.676)
INDEP	−0.071	0.020	0.108	−0.325*
	(−0.279)	(0.102)	(0.457)	(−1.808)
CR	−0.040***	−0.031***	−0.020***	−0.014***
	(−6.144)	(−6.503)	(−3.339)	(−3.190)
DUAL	0.017	0.023	0.017	0.036*
	(0.557)	(1.050)	(0.582)	(1.770)
MSHARE	0.317***	0.322***	0.129*	0.227***
	(3.946)	(5.751)	(1.728)	(4.377)
TOP	0.331***	0.092	−0.021	−0.180**
	(2.930)	(1.051)	(−0.196)	(−2.220)
SOE	0.012	0.055*	0.185***	0.228***
	(0.310)	(1.824)	(5.234)	(8.189)

续表

	成熟期 Mi	其他生命周期 Mi	成熟期 Ti	其他生命周期 Ti
ZSCORE	0.004	0.001	0.014***	0.012***
	(1.435)	(0.456)	(5.035)	(4.557)
_cons	−13.330***	−12.948***	−15.136***	−14.982***
	(−36.615)	(−47.727)	(−44.758)	(−59.657)
时间固定效应	Yes	Yes	Yes	Yes
行业固定效应	Yes	Yes	Yes	Yes
N	7324	13126	7324	13126
R^2	0.474	0.465	0.471	0.476

2. 企业生命周期异质性下，政府补贴与制造业企业双元创新的关系

为了考察企业生命周期对政府补贴实施效果的影响，验证假设 H4B，在前文生命周期的划分基础上，本节参照现金流量划分办法，将经营现金流量为正，投资和筹资现金流量为负的企业划分为成熟期制造业企业，结果见表 5-6。在成熟期与其他生命周期的制造业企业中，SUB 与 Ti、Mi 在 1%的显著性水平下均呈现正相关关系；但是相比于成熟期，其他生命周期的制造业企业 SUB 与 Ti 的相关系数高了 4 个百分点，与 Mi 的相关系数高了 5 个百分点，结果表明假设 H4B 成立，即相对于成熟期制造业企业，政府补贴可以更显著地促进初创期、成长期制造业企业双元创新战略的实施。

表 5-6 生命周期异质性（SUB 与 Mi、Ti）

	成熟期 Mi	其他生命周期 Mi	成熟期 Ti	其他生命周期 Ti
SUB	0.273***	0.320***	0.492***	0.533***
	(9.249)	(13.519)	(17.855)	(25.649)
SIZE	0.688***	0.651***	0.773***	0.756***
	(43.685)	(49.816)	(52.681)	(65.735)

续表

	成熟期 Mi	其他生命周期 Mi	成熟期 Ti	其他生命周期 Ti
AGE	0.023	−0.008	−0.092***	−0.076***
	(0.850)	(−0.411)	(−3.685)	(−4.718)
INDEP	−0.122	0.575***	0.047	−0.022
	(−0.479)	(2.597)	(0.199)	(−0.113)
CR	−0.041***	−0.039***	−0.022***	−0.021***
	(−6.328)	(−7.14)	(−3.616)	(−4.426)
DUAL	0.030	0.054**	0.035	0.072***
	(0.968)	(2.130)	(1.211)	(3.259)
MSHARE	0.340***	0.474***	0.182**	0.358***
	(4.233)	(7.401)	(2.428)	(6.354)
TOP	0.293***	−0.163	−0.108	−0.624***
	(2.592)	(−1.640)	(−1.025)	(−7.159)
SOE	0.038	0.088***	0.228***	0.253***
	(0.994)	(2.606)	(6.427)	(8.511)
ZSCORE	0.005	−0.009***	0.014***	0.014***
	(1.530)	(−2.741)	(5.180)	(5.154)
_cons	−12.776***	−11.905***	−14.840***	−14.187***
	(−37.284)	(−40.652)	(−46.433)	(−55.078)
时间固定效应	Yes	Yes	Yes	Yes
行业固定效应	Yes	Yes	Yes	Yes
N	7362	13193	7362	13193
R^2	0.471	0.286	0.465	0.369

四、企业技术属性异质性分析

1. 企业技术属性异质性下，研发加计扣除政策与制造业企业双元创新的关系

为了考察企业技术属性对研发加计扣除政策实施效果的影响，验证假设H5A，将样本企业按照所在制造业企业技术属性不同，分为高新技术制造业企业和非高新技术制造业企业，结果见表5-7。在高新技术与非高新技术制造业企业中，Index与Ti、Mi在1%的显著性水平下均呈现正相关关系；但是相较于非高新技术制造业企业，高新技术制造业企业Index与Ti的相关系数高了43个百分点，与Mi的相关系数高了12个百分点，结果表明假设H5A成立，即相对于非高新技术制造业企业，研发加计扣除政策可以更显著地促进高新技术制造业企业双元创新战略的实施。

表5-7　企业技术属性的异质性分析（Index与Mi、Ti）

	高新技术 Mi	非高新技术 Mi	高新技术 Ti	非高新技术 Ti
Index	0.348***	0.220***	0.727***	0.298***
	(15.832)	(14.811)	(37.131)	(21.178)
SIZE	0.661***	0.684***	0.810***	0.727***
	(50.414)	(51.867)	(69.335)	(58.255)
AGE	0.032*	0.087***	−0.090***	−0.019
	(1.739)	(4.395)	(−5.471)	(−0.100)
INDEP	0.354*	−0.501**	−0.099	−0.371*
	(1.665)	(−2.240)	(−0.522)	(−1.749)
CR	−0.032***	−0.036***	−0.011***	−0.021***
	(−6.737)	(−5.482)	(−2.651)	(−3.334)
DUAL	−0.022	0.058**	0.001	0.049**
	(−0.901)	(2.242)	(0.027)	(1.979)

续表

	高新技术 Mi	非高新技术 Mi	高新技术 Ti	非高新技术 Ti
MSHARE	0.493***	0.158**	0.413***	−0.059
	(7.785)	(2.371)	(7.325)	(−0.941)
TOP	−0.199**	0.632***	−0.254***	0.020
	(−2.083)	(6.381)	(−2.980)	(0.212)
SOE	0.105***	−0.026	0.266***	0.156***
	(3.198)	(−0.761)	(9.092)	(4.897)
ZSCORE	−0.002	0.017***	0.008***	0.026***
	(−0.894)	(4.607)	(3.594)	(7.573)
_cons	−12.824***	−13.617***	−15.377***	−14.477***
	(−44.089)	(−45.071)	(−59.337)	(−50.615)
时间固定效应	Yes	Yes	Yes	Yes
行业固定效应	Yes	Yes	Yes	Yes
N	10225	10225	10225	10225
R^2	0.484	0.439	0.505	0.455

注：本书参考《高新技术产业统计分类名录》，以化学制品制造业、C27 医药制造业、专用设备制造业、航空航天和其他设备制造业、计算机、通信和其他电子设备制造业、仪器仪表制造业为高新技术行业。

2. 企业技术属性异质性下，政府补贴与制造业企业双元创新的关系

为了考察企业技术属性对研发加计扣除政策实施效果的影响，验证假设 H5B，将样本企业按照所在制造业企业技术属性不同，分为高新技术制造业企业和非高新技术制造业企业，结果见表 5-8。在高新技术与非高新技术制造业企业中，SUB 与 Ti、Mi 在 1%的显著性水平下均呈现正相关的关系；但是相较于非高新技术制造业企业，高新技术制造业企业 SUB 与 Ti 的相关系数高了 3 个百分点，与 Mi 的相关系数高了 21 个百分点，结果表明假设 H5B 成立，即相对于非高新技术制造业企业，政府补贴可以更显著地促进高新技术制造业企业双元创新战略的实施。

表 5-8　企业技术属性的异质性分析（SUB 与 Mi、Ti）

	高新技术 Mi	非高新技术 Mi	高新技术 Ti	非高新技术 Ti
SUB	0.306*** (11.623)	0.094*** (3.757)	0.526*** (24.254)	0.495*** (20.459)
SIZE	0.655*** (42.600)	0.586*** (21.831)	0.811*** (64.066)	0.736*** (59.057)
AGE	−0.087*** (−4.057)	0.038 (1.181)	−0.141*** (−7.991)	0.004 (0.213)
INDEP	1.650*** (6.607)	−0.511* (−1.924)	0.701*** (3.412)	−0.508** (−2.404)
CR	−0.041*** (−7.527)	−0.009 (−1.274)	−0.030*** (−6.659)	−0.021*** (−3.438)
DUAL	0.022 (0.749)	0.006 (0.211)	0.052** (2.179)	0.064*** (2.593)
MSHARE	0.733*** (9.832)	0.219* (1.921)	0.595*** (9.707)	−0.016 (−0.246)
TOP	−0.442*** (−3.952)	0.236* (1.684)	−0.495*** (−5.376)	−0.016 (−0.170)
SOE	0.289*** (7.555)	0.038 (0.513)	0.378*** (11.990)	0.191*** (6.045)
ZSCORE	−0.006** (−2.027)	0.003 (0.773)	0.012*** (5.020)	0.025*** (7.470)
_cons	−12.250*** (−36.007)	−10.240*** (−16.926)	−15.462*** (−55.221)	−14.227*** (−51.207)
时间固定效应	Yes	Yes	Yes	Yes
行业固定效应	Yes	Yes	Yes	Yes
N	10265	10290	10265	10290
R^2	0.276	0.790	0.410	0.454

注：本书参考《高新技术产业统计分类名录》，以化学制品制造业、C27 医药制造业、专用设备制造业、航空航天和其他设备制造业、计算机、通信和其他电子设备制造业、仪器仪表制造业为高新技术行业。

五、企业要素密集度异质分析

1. 企业要素密集度异质下，研发加计扣除政策与制造业企业双元创新的关系

为了考察企业要素密集度对研发加计扣除政策实施效果的影响，验证假设 H6A，选定固定资产占总资产比重衡量资本密集度，该比例越高表示在企业中资本的重要性越高，该企业属于资本密集型行业，根据文献，本节选取造纸、印刷；石油、化学、塑胶塑料；金属、非金属；交通运输、仓储和邮政业作为资本密集型行业进行分组。

见表 5-9，在高资本密集度与低资本密集度的制造业企业中，Index 与 Ti、Mi 在 1%的显著性水平下均呈现正相关的关系；但是相比于低资本密集度制造业企业，高资本密集度制造业企业 Index 与 Ti 的相关系数高了 43 个百分点，与 Mi 的相关系数高了 36 个百分点，结果表明提出的假设 H6A 成立，即相对于低要素密集度制造业企业，研发加计扣除政策可以更显著地促进高要素密集度制造业企业双元创新战略的实施。

表 5-9　资本密集度异质性分析（Index 与 Mi、Ti）

	密集度高 Mi	密集度低 Mi	密集度高 Ti	密集度低 Ti
Index	0.567***	0.204***	0.799***	0.362***
	(16.080)	(15.661)	(25.278)	(29.793)
SIZE	0.647***	0.696***	0.728***	0.795***
	(31.407)	(66.661)	(39.446)	(81.507)
AGE	0.077***	0.055***	−0.024	−0.061***
	(2.769)	(3.565)	(−0.973)	(−4.246)

续表

	密集度高 Mi	密集度低 Mi	密集度高 Ti	密集度低 Ti
INDEP	−0.146	0.021	−0.454	−0.095
	(−0.441)	(0.120)	(−1.527)	(−0.590)
CR	−0.013	−0.041***	−0.002	−0.021***
	(−1.530)	(−9.631)	(−0.214)	(−5.331)
DUAL	−0.005	0.036*	0.017	0.044**
	(−0.125)	(1.774)	(0.492)	(2.340)
MSHARE	−0.007	0.426***	0.269***	0.163***
	(−0.070)	(8.189)	(3.148)	(3.347)
TOP	0.559***	0.134*	0.455***	−0.272***
	(4.066)	(1.692)	(3.698)	(−3.681)
SOE	−0.148***	0.100***	0.131***	0.246***
	(−3.089)	(3.716)	(3.053)	(9.814)
ZSCORE	0.006	0.004*	0.023***	0.012***
	(1.245)	(1.897)	(5.227)	(6.099)
_cons	−12.875***	−13.606***	−15.045***	−15.650***
	(−27.755)	(−56.323)	(−36.195)	(−69.326)
时间固定效应	Yes	Yes	Yes	Yes
行业固定效应	Yes	Yes	Yes	Yes
N	5037	15413	5037	15413
R^2	0.405	0.482	0.398	0.500

2. 企业要素密集度异质下，政府补贴与制造业企业双元创新的关系

为了考察企业要素密集度对政府补贴实施效果的影响，验证假设 H6B，选定固定资产占总资产比重衡量资本密集度，该比例越高表示在企业中资本的重要性越高，该企业属于资本密集型行业，根据文献，本节选取造纸、印刷；石油、化学、塑胶塑料；金属、非金属；交通运输、仓储和邮政业作为资本密集型行业进行分组。

见表5-10，在高资本密集度与低资本密集度的制造业企业中，SUB与Ti、Mi在1%的显著性水平下均呈现正相关的关系；但是相比于低资本密集度制造业企业，高资本密集度制造业企业SUB与Ti的相关系数高了近10个百分点，与Mi的相关系数高了7个百分点，结果表明提出的假设H6B成立，即相对于低要素密集度制造业企业，政府补贴可以更显著地促进高要素密集度制造业企业双元创新战略的实施。

表5-10 资本密集度异质性分析（SUB与Mi、Ti）

	密集度高 Mi	密集度低 Mi	密集度高 Ti	密集度低 Ti
SUB	0.320***	0.249***	0.552***	0.457***
	(7.697)	(13.447)	(14.530)	(26.285)
SIZE	0.584***	0.704***	0.647***	0.810***
	(28.518)	(67.519)	(34.564)	(82.762)
AGE	0.105***	0.064***	0.018	−0.042***
	(3.720)	(4.163)	(0.711)	(−2.888)
INDEP	−0.112	−0.018	−0.404	−0.144
	(−0.331)	(−0.107)	(−1.306)	(−0.886)
CR	−0.028***	−0.044***	−0.022***	−0.026***
	(−3.154)	(−10.531)	(−2.688)	(−6.747)
DUAL	−0.008	0.052**	0.017	0.067***
	(−0.204)	(2.555)	(0.469)	(3.547)
MSHARE	0.030	0.456***	0.334***	0.218***
	(0.303)	(8.792)	(3.760)	(4.464)
TOP	0.466***	0.115	0.303**	−0.298***
	(3.345)	(1.455)	(2.376)	(−4.031)
SOE	−0.165***	0.127***	0.104**	0.292***
	(−3.371)	(4.768)	(2.330)	(11.638)
ZSCORE	0.005	0.005**	0.021***	0.014***
	(0.937)	(2.403)	(4.565)	(7.075)

续表

	密集度高 Mi	密集度低 Mi	密集度高 Ti	密集度低 Ti
_cons	−10.993***	−13.051***	−12.464***	−15.485***
	(−24.196)	(−56.353)	(−30.027)	(−71.235)
时间固定效应	Yes	Yes	Yes	Yes
行业固定效应	Yes	Yes	Yes	Yes
N	5052	15503	5052	15503
R^2	0.381	0.481	0.348	0.495

第三节　本章小结

本章建立双向固定效应模型来检验政府激励对于上市制造业企业双元创新的异质性影响，通过实证分析得出如下结论：第一，在企业产权异质性方面，相对于国有制造业企业，研发加计扣除政策和政府补贴可以更显著地促进民营制造业企业双元创新战略的实施；第二，在企业区域异质性方面，相对于中西部地区制造业企业，研发加计扣除政策和政府补贴均更显著地促进东部制造业企业双元创新战略的实施；第三，在企业生命周期异质性方面，相对于成熟期制造业企业，研发加计扣除政策和政府补贴均更显著地促进初创期、成长期制造业企业双元创新战略的实施；第四，在企业技术类型异质性方面，相对于非高新技术制造业企业，研发加计扣除政策和政府补贴均更显著地促进高新技术制造业企业双元创新战略的实施；第五，在企业要素密集度异质性方面，相对于低要素密集度企业，研发加计扣除政策和政府补贴均更显著的促进高要素密集度制造业企业双元创新战略的实施。

第六章　政府激励对制造业企业双元创新影响的机制研究

由于制造业企业双元创新具有研发难度大、创新壁垒严重、技术密集度高、系统性强等特征，而且企业在开展双元创新过程中，往往会将大部分资产都投入研发活动中，导致其自有资金偏少，因此政府激励对制造业企业双元创新的支持尤为重要。政府激励除了作为企业现金流的补充之外，还可以通过政府的认证提高企业知名度，向外部的投资者和债权人宣传企业，帮助企业筹措到更多的资金用于创新活动。目前中国制造业企业出现了特殊情景：企业融资约束、预期收益等已然成为制约我国制造业企业发展和升级的重要障碍，推进产学研合作成为推动制造业企业创新的重要趋势。那么政府激励是否通过制造业企业的融资约束、预期收益、产学研合作的传导影响着制造业企业的双元创新？在不同的企业管理者技术背景、行业竞争水平和经济不确定性下，政府激励对制造业企业双元创新影响的中介效应是否存在差异？因此，本章就以上问题进行深入探讨并展开分析。

第一节　模型设计与变量选取

一、模型设计

本章研究研发加计扣除政策与政府补贴对制造业企业双元创新的影响机制，并引入企业内部治理和财务指标作为控制变量，并控制年度和行业虚拟变量。

为了检验假设 H7—H9，本章建立了如下模型。其中 Med 为中介变量，具体解释见变量选取。

$$\begin{cases} Med_{i,t} = \lambda_0 + \lambda_{11} Index_{i,t} + \sum control_{it} + \vartheta_i + \vartheta_t + \varepsilon_{it} \\ Med_{i,t} = \lambda_0 + \lambda_{13} SUB_{i,t} + \sum control_{it} + \vartheta_i + \vartheta_t + \varepsilon_{it} \end{cases} \tag{6.1}$$

$$\begin{cases} Mi_{i,t} = \xi_0 + \xi_{11} Index_{i,t} + \xi_{12} Med_{i,t} + \sum control_{it} + \zeta_i + \zeta_t + \varphi_{it} \\ Mi_{i,t} = \xi_0 + \xi_{13} SUB_{i,t} + \xi_{14} Med_{i,t} + \sum control_{it} + \zeta_i + \zeta_t + \varphi_{it} \end{cases} \tag{6.2}$$

$$\begin{cases} Ti_{i,t} = \pi_0 + \pi_{11} Index_{i,t} + \pi_{12} Med_{i,t} + \sum control_{it} + \iota_i + \iota_t + \varphi_{it} \\ Ti_{i,t} = \pi_0 + \pi_{13} SUB_{i,t} + \pi_{14} Med_{i,t} + \sum control_{it} + \iota_i + \iota_t + \varphi_{it} \end{cases} \tag{6.3}$$

二、变量选取

1. 为了保持研究的连贯性，被解释变量、解释变量、控制变量同上。

2. 中介变量

融资约束（SA），测算方法为－0.737 * size＋0.043 * size2－0.04 * age，SA 指数为负值，其绝对值与融资约束正相关；

预期受益（Ret），鉴于数据的可得性和代表性，选取企业考虑现金红利再投资的年个股回报率来表示预期收益；

产学研（IUR），利用专利申请主体中是否有“大学、学校、学院、研究所、研究院、总院”这六个关键词来判断是否为产学研。

第二节　中介变量的描述性统计与相关性分析

一、描述性统计

表 6-1　中介变量的描述性统计分析

Variable	Obs	Mean	Std. dev.	Min	Max
SA	20450	−3.793	0.245	−4.404	−3.217
Ret	18172	0.138	0.521	−0.564	2.018
IUR	20450	0.103	0.305	0.000	1.000

表 6-1 给出了中介变量主要变量描述性统计结果，结果显示融资约束的均值为−3.793，其中最大值为−3.217，最小值为−4.404，说明不同企业间的融资约束存在一定的差异，直观反映出不同企业的融资偏好、融资能力存在差异；预期收益的均值为 0.138，其中最大值为 2.018，最小值为−0.564，说明不同企业对未来预期收入存在着较大差异。

二、相关性分析

在表 6-2Pearson 相关系数分析中，可见研发加计扣除政策与探索式创新和利用式创新，在 1%的显著性水平下，均呈现正相关关系，相关系数分别为 0.268 和 0.183，初步证明前文提出的假设成立；政府补贴水平与探索式创新和利用式创新，在 1%的显著性水平下，均呈现正相关关系，相关系数分别为 0.111 和 0.041，初步证明前文提出的假设成立。

表 6-2　加入中介变量后的相关系数分析结果

	Mi	Ti	Index	SUB	SIZE	AGE	INDEP	CR	DUAL	MSHARE	TOP	SOE	ZSCORE	SA	Ret	IUR
Mi	1.000															
Ti	0.671***	1.000														
Index	0.183***	0.268***	1.000													
SUB	0.041***	0.111***	0.153***	1.000												
SIZE	0.478***	0.540***	−0.033***	−0.139***	1.000											
AGE	0.228***	0.265***	−0.015**	−0.129***	0.520***	1.000										
INDEP	0.023***	0.002	0.017**	0.005	−0.009	−0.024***	1.000									
CR	−0.256***	−0.210***	−0.050***	0.042***	−0.363***	−0.367***	0.007	1.000								
DUAL	−0.058***	−0.072***	0.048***	0.039***	−0.168***	−0.250***	0.107***	0.118***	1.000							
MSHARE	−0.124***	−0.176***	0.032***	0.060***	−0.381***	−0.514***	0.081***	0.244***	0.227***	1.000						
TOP	−0.031***	−0.077***	−0.058***	0.040***	−0.098***	−0.519***	0.064***	0.187***	0.108***	0.281***	1.0000					
SOE	0.136***	0.197***	−0.014**	−0.055***	0.327***	0.426***	−0.048***	−0.165***	−0.273***	−0.428***	−0.126***	1.000				
ZSCORE	−0.211***	−0.143***	−0.015**	0.045***	−0.301***	−0.082***	0.007	0.625***	0.055***	0.070***	0.038***	−0.094***	1.000			
SA	−0.056***	−0.059***	−0.017**	0.140***	−0.189***	−0.432***	0.027***	0.176***	0.111***	0.212***	0.249***	−0.143***	0.075***	1.000		
Ret	0.053***	0.093***	0.110***	0.066***	0.026***	0.052***	0.014*	−0.022***	−0.004	−0.013*	−0.008	−0.008	0.178***	0.032***	1.000	
IUR	0.139***	0.241***	0.113***	0.008	0.212***	0.103***	−0.000	−0.063***	−0.061***	−0.100***	−0.025***	0.103***	−0.052***	−0.035***	0.035***	1.000

第三节　融资约束的传导机制作用

一、研究假设

企业研发创新是一种长期性企业活动，始终伴有信息不对称、投资回报风险大等问题，需要持续而稳定的资金供给来保障技术创新的可持续性，进而提高研发投入和产出的效率。制造业企业获得资金的渠道主要是以下三种：第一种渠道是企业长期以来的资本积累和股权持有人所持有的资产；第二种渠道是从政府采取的激励措施中获得资金供给或者优惠，比如政府补贴和税收优惠；第三种渠道是社会金融资本的投资。社会金融资本具有极强的趋利性和敏锐性，通过评估企业的风险和收益决定是否对企业进行创新投资，能够帮助企业渡过融资困难的阶段，对于企业创新的持续性具有十分重要的作用。企业缓解融资约束可以降低生产的可变成本，提高企业的创新绩效。因此，融资约束是阻碍制造业企业进行双元创新的一个核心问题，市场的力量不足以完全解决企业所面临的外部资金投入问题，所以政府必须采取措施来激励和支持企业。

政府主要是遵循优序融资理论，通过实施一系列激励措施，鼓励企业优先利用内部资金，然后再寻求外部资金，以此来减轻制造业企业在融资方面的限制。首先，直接的政府补贴、间接的研发加计扣除政策作为企业的外部资金，通过增加资金投入和留存收入，直接增加创新投入资源，从而平滑企业创新投资产生的波动，为制造业企业的双元创新活动提供必要的资金保障用于提升企业知识基础、人才储备和硬件质量的水平，最终推动制造业企业的双元创新能力。其次，依照信号理论，缓解制造业企业的外部融资约束。具体来看，获得政府激励的资金是需要制造业企业符合一定资质要求。企业获得政府激励无疑向外界传递了一种积极信号，能增强制造业企业的信用评级，改善企业信息不对称来影响外部投资者的决策，助力企业在金融市场上拓展融资渠道，减少外部融资的成本负担，提升制造业企业在债务融资方面的实力。这种金融支持将直接影响企业的研发方向，确保制造业企业在创新和研发过程中有充足的资金供应。

综上所述，政府激励可以通过缓解企业的融资压力来提高创新能力，从而提升企业创新能力。据此提出以下假设：

H7a：融资约束在研发加计扣除政策对制造业企业双元创新的影响中起到显著的传导机制作用。

H7b：融资约束在政府补贴对制造业企业双元创新的影响中起到显著的传导机制作用。

二、传导机制分析

在进行主回归分析前，对其使用固定效应模型进行回归。表 6-3 表示研发加计扣除政策与政府补贴对制造业企业双元创新影响效应的回归结果。

表 6-3　回归结果

	(1) Mi	(2) Mi	(3) Ti	(4) Ti
Index	0.255***	0.426***		
	(20.793)	(37.477)		
SUB			0.265***	0.481***
			(15.503)	(30.139)
SIZE	0.671***	0.763***	0.672***	0.767***
	(72.262)	(88.636)	(71.940)	(87.882)
AGE	0.063***	−0.049***	0.074***	−0.027***
	(4.650)	(−3.927)	(5.466)	(−2.167)
INDEP	−0.020	−0.179	−0.033	−0.196
	(−0.132)	(−1.248)	(−0.212)	(−1.356)
CR	−0.035***	−0.017***	−0.039***	−0.024***
	(−9.087)	(−4.862)	(−10.170)	(−6.677)
DUAL	0.022*	0.030*	0.034***	0.051***
	(1.219)	(1.808)	(1.899)	(3.026)
MSHARE	0.326***	0.199***	0.356***	0.251***
	(7.114)	(4.681)	(7.729)	(5.833)

续表

	(1) Mi	(2) Mi	(3) Ti	(4) Ti
TOP	0.234***	−0.094***	0.195***	−0.159**
	(3.400)	(−1.479)	(2.817)	(−2.465)
SOE	0.031***	0.206***	0.050***	0.238***
	(1.304)	(9.451)	(2.126)	(10.784)
ZSCORE	0.004***	0.014***	0.005***	0.015***
	(1.935)	(7.421)	(2.432)	(8.192)
_cons	−13.142***	−15.050***	−13.494***	−15.696***
	(−60.656)	(−74.926)	(−61.552)	(−76.701)
时间固定效应	Yes	Yes	Yes	Yes
行业固定效应	Yes	Yes	Yes	Yes
N	20450	20450	20450	20450
R^2	0.466	0.471	0.461	0.459

为了验证假设H7，本节采用Bootstrap方法对样本进行了5000次的反复抽取，同时将置信区间设置为95%，检验融资约束在政府激励对制造业企业双元创新影响的中介作用。根据以往研究经验，若间接效应的置信区间内不含0，则判定中介效应显著；若直接效应的置信区间内不含0，则判定存在其他中介；若含0，则判定中介变量为唯一中介。

表6-4为融资约束的中介效应回归结果，从中可以看出，融资约束对制造业企业双元创新有显著的抑制作用，研发加计扣除政策和政府补贴均对融资约束有显著的负向影响，即融资约束在研发加计扣除政策和政府补贴对制造业企业双元创新的影响效应中起到显著的传导机制作用。

表 6-4　中介效应——融资约束

	(1) SA	(2) Mi	(3) Ti	(4) SA	(5) Mi	(6) Ti
Index	−0.007***	0.190***	0.337***			
	(−18.283)	(13.687)	(26.352)			
SUB				−0.009***	0.261***	0.461***
				(−16.266)	(12.342)	(23.611)
SA		−1.490***	−2.638***		−1.621***	−2.872***
		(−4.72)	(−9.079)		(−5.145)	(−9.863)
SIZE	0.002***	0.649***	0.727***	0.002***	0.655***	0.737***
	(5.138)	(54.149)	(65.854)	(4.511)	(54.422)	(66.294)
AGE	0.003***	0.088***	−0.015	0.002***	0.097***	0.002
	(5.932)	(5.185)	(−0.935)	(5.224)	(5.719)	(0.118)
INDEP	0.010**	0.127	−0.279	0.011**	0.103	−0.322
	(1.968)	(0.666)	(−1.586)	(2.140)	(0.538)	(−1.822)
CR	−0.000	−0.036***	−0.015***	0.000	−0.038***	−0.019***
	(−0.413)	(−7.729)	(−3.456)	(0.222)	(−8.206)	(−4.355)
DUAL	0.002***	0.052***	0.058***	0.001***	0.064***	0.080***
	(2.582)	(2.375)	(2.867)	(1.867)	(2.919)	(3.902)
MSHARE	0.008***	0.290***	0.155***	0.007***	0.319***	0.207***
	(4.934)	(5.127)	(2.979)	(4.259)	(5.641)	(3.964)
TOP	−0.017***	0.165*	−0.113***	−0.016***	0.140*	−0.158**
	(−7.451)	(1.952)	(−1.447)	(−7.070)	(1.650)	(−2.018)
SOE	−0.006***	0.016	0.207***	−0.007***	0.034	0.240***
	(−7.910)	(0.528)	(7.581)	(−8.772)	(1.153)	(8.751)
ZSCORE	−0.001***	−0.000	0.008***	−0.001***	−0.000	0.008***
	(−14.104)	(−0.060)	(3.521)	(−14.201)	(−0.018)	(3.587)
_cons	0.072***	−12.438***	−13.997***	0.086***	−12.823***	−14.676***
	(9.840)	(−45.739)	(−55.887)	(11.608)	(−46.630)	(−57.748)
时间固定效应	Yes	Yes	Yes	Yes	Yes	Yes

续表

	(1) SA	(2) Mi	(3) Ti	(4) SA	(5) Mi	(6) Ti
行业固定效应	Yes	Yes	Yes	Yes	Yes	Yes
N	13862	13862	13862	13862	13862	13862
R^2	0.226	0.481	0.492	0.222	0.479	0.488
Soble 检验值		4.574	8.132		4.905	8.434
Soble 检验 p 值		0.000	0.000		0.000	0.000
直接效应占比		0.950	0.950		0.946	0.946
间接效应占比		0.050	0.050		0.054	0.054

从表 6-5 结果可以看出，在研发加计扣除政策对于利用式创新的激励影响中，融资约束的中介作用是 0.010，置信区间是（0.005，0.016），不含 0，判定融资约束的中介效应成立；在研发加计扣除政策对于探索式创新的激励影响中，融资约束的中介作用是 0.018，置信区间为（0.012，0.024），不含 0，判定融资约束的中介效应成立；在政府补贴对于利用式创新的激励影响中，融资约束的中介作用是 0.015，置信区间是（0.009，0.021），不含 0，判定融资约束的中介效应成立；在政府补贴对于探索式创新的激励影响中，融资约束的中介作用是 0.026，置信区间是（0.020，0.033），不含 0，判定融资约束的中介效应成立。

表 6-5 Bootstrap 中介效应检验——融资约束

中介路径	间接作用			直接作用		
	Effect	95%置信区间		Effect	95%置信区间	
		BootLLCI	BootULCI		LLCI	ULCI
Index—>SA—>Mi	0.010	0.005	0.016	0.190	0.032	0.348
Index—> SA—>Ti	0.018	0.012	0.024	0.337	0.027	0.647
SUB—> SA—>Mi	0.015	0.009	0.021	0.261	0.220	0.302
SUB—> SA—>Ti	0.026	0.020	0.033	0.461	0.423	0.499

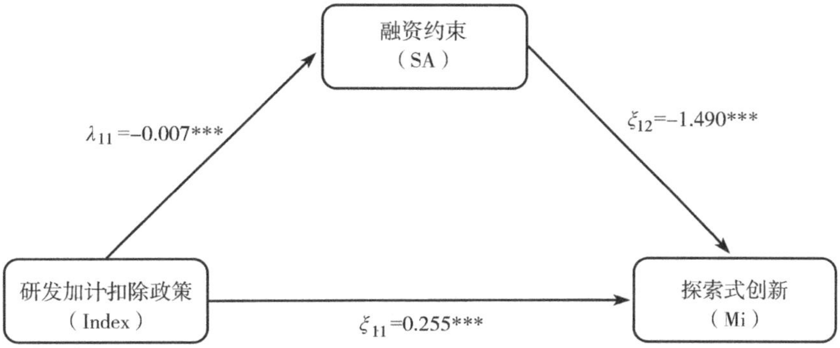

图 6-1　融资约束在研发加计扣除政策与利用式创新之间中介效应

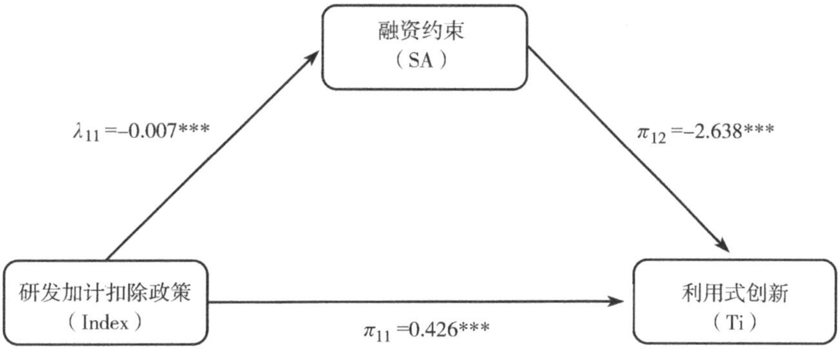

图 6-2　融资约束在研发加计扣除政策与探索式创新之间中介效应

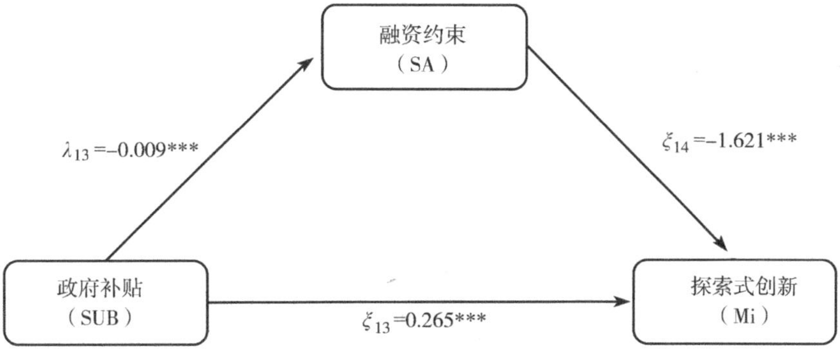

图 6-3　融资约束在政府补贴与利用式创新之间中介效应

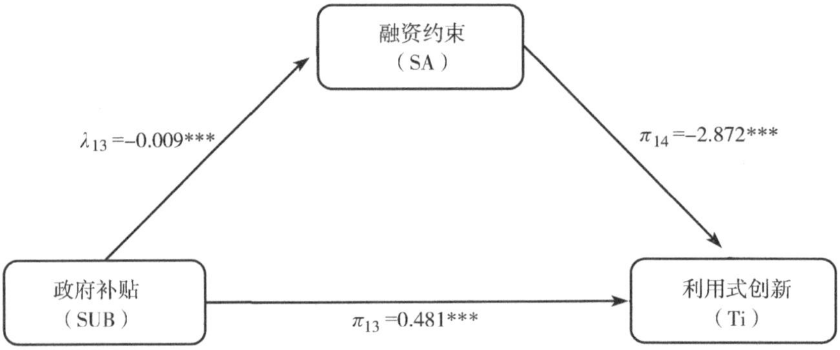

图 6-4　融资约束在政府补贴与探索式创新之间中介效应

三、异质性分析

本节选择管理者技术背景（TECH）、行业竞争水平（HHI）和经济不确定性（EPU）作为分组变量，对面板数据分别进行中介效应分析，分析结果见表6-6。其中管理者技术背景定义为董事长或总经理任何一方具有专业技术背景，则取值为1，否则为0；行业竞争水平定义为赫芬达尔—赫希曼指数，即行业中各上市企业营业收入占行业总收入百分比的平方和。根据HHI的年度中位数将样本分为行业竞争高组和行业竞争低组；经济不确定性定义采用Baker等构建的经济政策不确定性指数，应用提取年度算术平均值的手段，将月份经济政策不确定性转化成年度经济政策不确定性，根据EPU中位数将样本分为经济不确定性高组和经济不确定性低组。

1. 管理者技术背景

在管理者有技术背景组，研发加计扣除政策对于利用式创新的驱动中，融资约束的中介效应不显著，在其余中介路径中，融资约束的中介效应均显著；在管理者无技术背景组，研发加计扣除政策对于利用式创新的驱动中，融资约束的中介效应不显著，在其余中介路径中，融资约束的中介效应均显著。

2. 行业竞争水平

在行业竞争低组，融资约束的中介效应均显著；在行业竞争高组，研发加计扣除政策对于利用式创新的驱动中，融资约束的中介效应不显著，在其余中介路径中，融资约束的中介效应均显著。

3. 经济不确定性

在经济不确定性高组，研发加计扣除政策对于利用式创新的驱动中，融资约束的中介效应不显著，在其余中介路径中，融资约束的中介效应均显著；在经济不确定性低组，融资约束的中介效应均显著。

表 6-6　融资约束传导机制的异质性分析

	中介路径	间接作用			直接作用		
		Effect	95%置信区间		Effect	95%置信区间	
			BootLLCI	BootULCI		LLCI	ULCI
管理者有技术背景	Index－＞SA－＞Mi	0.009	-0.001	0.020	0.362	0.310	0.414
	Index－＞SA－＞Ti	0.017	0.007	0.026	0.736	0.690	0.782
	SUB－＞SA－＞Mi	0.012	0.005	0.019	0.275	0.226	0.324
	SUB－＞SA－＞Ti	0.024	0.016	0.031	0.495	0.448	0.542
管理者无技术背景	Index－＞SA－＞Mi	0.008	-0.000	0.017	0.114	-0.109	0.338
	Index－＞SA－＞Ti	0.013	0.002	0.024	0.156	-0.208	0.520
	SUB－＞SA－＞Mi	0.020	0.009	0.031	0.225	0.15	0.300
	SUB－＞SA－＞Ti	0.031	0.020	0.042	0.378	0.313	0.444
行业竞争低	Index－＞SA－＞Mi	0.011	0.002	0.019	0.161	-0.096	0.418
	Index－＞SA－＞Ti	0.014	0.005	0.023	0.203	-0.156	0.561
	SUB－＞SA－＞Mi	0.021	0.011	0.03	0.328	0.268	0.389
	SUB－＞SA－＞Ti	0.026	0.017	0.036	0.445	0.383	0.506
行业竞争高	Index－＞SA－＞Mi	0.007	-0.003	0.018	0.289	0.235	0.343
	Index－＞SA－＞Ti	0.020	0.010	0.030	0.745	0.694	0.796
	SUB－＞SA－＞Mi	0.010	0.001	0.018	0.205	0.146	0.264
	SUB－＞SA－＞Ti	0.027	0.018	0.036	0.472	0.423	0.521
经济不确定性高	Index－＞SA－＞Mi	0.007	-0.006	0.021	0.353	0.291	0.415
	Index－＞SA－＞Ti	0.029	0.017	0.041	0.704	0.653	0.754
	SUB－＞SA－＞Mi	0.015	0.004	0.026	0.183	0.119	0.248
	SUB－＞SA－＞Ti	0.042	0.030	0.054	0.389	0.33	0.448

续表

	中介路径	间接作用			直接作用		
		Effect	95%置信区间		Effect	95%置信区间	
			BootLLCI	BootULCI		LLCI	ULCI
经济不确定性低	Index—>SA—>Mi	0.011	0.003	0.018	0.153	−0.048	0.354
	Index—>SA—>Ti	0.013	0.006	0.019	0.248	−0.120	0.617
	SUB—>SA—>Mi	0.017	0.009	0.024	0.306	0.253	0.359
	SUB—>SA—>Ti	0.020	0.012	0.027	0.500	0.451	0.549

四、稳健性检验

为了保证前述所得到结论的稳健性，本节先后通过变更估计方法、更换检验方法来进行稳健性检验。

1. 变更估计方法

标准误（Standard Error）是用来衡量统计样本估计量，如均值、回归系数等与总体参数之间的差异的一种统计量，可以衡量样本估计量的变异程度，提供对总体参数的估计的不确定性的度量。聚类稳健标准误（Cluster-Robust Standard Errors）比标准误的要求更为严格，其在推导过程中也没有用到同方差假定，所以聚类稳健标准误都是异方差稳健的（后续章节同上）。本节利用聚类稳健标准误重新对模型进行估计，如表 6-7 所示，更改估计方法后，结论未发生变化。

表 6-7　变更估计方法——融资约束

	(1) SA	(2) Mi	(3) Ti	(4) SA	(5) Mi	(6) Ti
Index	−0.007***	0.190***	0.337***			
	(−3.551)	(2.980)	(2.721)			
SUB				−0.009***	0.261***	0.461***
				(−17.090)	(12.171)	(23.743)
SA		−1.490***	−2.638***		−1.621***	−2.872***
		(−4.177)	(−6.008)		(−5.110)	(−9.649)

续表

	(1) SA	(2) Mi	(3) Ti	(4) SA	(5) Mi	(6) Ti
SIZE	0.002***	0.649***	0.727***	0.002***	0.655***	0.737***
	(4.658)	(52.521)	(56.269)	(4.304)	(55.226)	(67.487)
AGE	0.003***	0.088***	−0.015	0.002***	0.097***	0.002
	(5.825)	(5.090)	(−0.891)	(5.119)	(5.630)	(0.115)
INDEP	0.010**	0.127	−0.279	0.011**	0.103	−0.322*
	(1.966)	(0.677)	(−1.553)	(2.141)	(0.547)	(−1.776)
CR	−0.000	−0.036***	−0.015***	0.000	−0.038***	−0.019***
	(−0.408)	(−7.502)	(−2.910)	(0.233)	(−8.366)	(−4.370)
DUAL	0.002***	0.052**	0.058***	0.001*	0.064***	0.080***
	(2.596)	(2.361)	(2.840)	(1.888)	(2.911)	(3.941)
MSHARE	0.008***	0.290***	0.155***	0.007***	0.319***	0.207***
	(5.022)	(4.984)	(3.024)	(4.325)	(5.446)	(3.958)
TOP	−0.017***	0.165*	−0.113	−0.016***	0.140	−0.158*
	(−7.188)	(1.907)	(−1.399)	(−6.797)	(1.608)	(−1.934)
SOE	−0.006***	0.016	0.207***	−0.007***	0.034	0.240***
	(−7.822)	(0.531)	(7.399)	(−8.640)	(1.163)	(8.504)
ZSCORE	−0.001***	−0.000	0.008***	−0.001***	−0.000	0.008***
	(−16.123)	(−0.060)	(3.715)	(−16.147)	(−0.018)	(3.633)
_cons	0.072***	−12.438***	−13.997***	0.086***	−12.823***	−14.676***
	(9.354)	(−45.513)	(−52.792)	(11.124)	(−47.319)	(−59.018)
时间固定效应	Yes	Yes	Yes	Yes	Yes	Yes
行业固定效应	Yes	Yes	Yes	Yes	Yes	Yes
N	13862	13862	13862	13862	13862	13862
R^2	0.226	0.481	0.4923	0.222	0.479	0.488
Soble 检验值		4.574	8.132		4.905	8.434
Soble 检验 p 值		0.000	0.000		0.000	0.000
直接效应占比		0.950	0.950		0.946	0.946
间接效应占比		0.050	0.050		0.054	0.054

2. 更换检验方法

为了验证融资约束在政府激励与制造业企业双元创新中发挥的中介效应，更改检验方法，利用以下模型重新进行中介效应估计（模型 6.4、6.5、6.6），回归结果如表 6-8 所示。根据实证结果显示，原假设均成立，证明前文模型稳健。

$$\begin{cases} Med_{i,t} = \beta_0 + \beta_{11} Index_{i,t} + \sum control_{it} + u_i + \mu_t + \varepsilon_{it} \\ Med_{i,t} = \beta_0 + \beta_{13} SUB_{i,t} + \sum control_{it} + u_i + \mu_t + \varepsilon_{it} \end{cases} \quad (6.4)$$

$$\begin{cases} Mi_{i,t} = \beta_0 + \beta_{11} Med_{i,t} + \sum control_{it} + u_i + \mu_t + \varepsilon_{it} \\ Mi_{i,t} = \beta_0 + \beta_{12} Med_{i,t} + \sum control_{it} + u_i + \mu_t + \varepsilon_{it} \end{cases} \quad (6.5)$$

$$\begin{cases} Ti_{i,t} = \beta_0 + \beta_{11} Med_{i,t} + \sum control_{it} + u_i + \mu_t + \varepsilon_{it} \\ Ti_{i,t} = \beta_0 + \beta_{12} Med_{i,t} + \sum control_{it} + u_i + \mu_t + \varepsilon_{it} \end{cases} \quad (6.6)$$

表 6-8 变更检验方法——融资约束

	(1) SA	(2) Mi	(3) Ti	(4) SA	(5) Mi	(6) Ti
Index	−0.007***					
	(−18.283)					
SUB				−0.009***		
				(−16.266)		
SA		−2.154***	−3.814***		−2.154***	−3.814***
		(−6.864)	(−12.966)		(−6.864)	(−12.966)
SIZE	0.002***	0.642***	0.715***	0.002***	0.642***	0.715***
	(5.138)	(53.289)	(63.288)	(4.511)	(53.289)	(63.288)
AGE	0.003***	0.087***	−0.017	0.002***	0.087***	−0.017
	(5.932)	(5.074)	(−1.059)	(5.224)	(5.073)	(−1.059)
INDEP	0.010**	0.114	−0.304*	0.011**	0.113	−0.304*
	(1.968)	(0.587)	(−1.688)	(2.140)	(0.587)	(−1.688)

续表

	(1) SA	(2) Mi	(3) Ti	(4) SA	(5) Mi	(6) Ti
CR	−0.000	−0.041***	−0.023***	0.000	−0.041***	−0.023***
	(−0.413)	(−8.711)	(−5.296)	(0.222)	(−8.711)	(−5.296)
DUAL	0.002***	0.064***	0.079***	0.001*	0.064***	0.079***
	(2.582)	(2.874)	(3.771)	(1.867)	(2.874)	(3.771)
MSHARE	0.008***	0.304***	0.180***	0.007***	0.304***	0.180***
	(4.934)	(5.343)	(3.379)	(4.259)	(5.343)	(3.379)
TOP	−0.017***	0.123	−0.187**	−0.016***	0.123	−0.187**
	(−7.451)	(1.450)	(−2.340)	(−7.070)	(1.450)	(−2.339)
SOE	−0.006***	0.033	0.238***	−0.007***	0.033	0.238***
	(−7.910)	(1.123)	(8.535)	(−8.772)	(1.123)	(8.535)
ZSCORE	−0.001***	0.000	0.009***	−0.001***	0.000	0.009***
	(−14.104)	(0.146)	(3.825)	(−14.201)	(0.146)	(3.825)
_cons	0.072***	−12.339***	−13.821***	0.086***	−12.339***	−13.821***
	(9.840)	(−45.087)	(−53.868)	(11.608)	(−45.087)	(−53.868)
时间固定效应	Yes	Yes	Yes	Yes	Yes	Yes
行业固定效应	Yes	Yes	Yes	Yes	Yes	Yes
N	13862	13862	13862	13862	13862	13862
R^2	0.226	0.474	0.467	0.222	0.474	0.467

第四节　预期收益的传导机制作用

一、研究假设

盈利性是企业的基本属性，盈利是企业生存和发展的基础。预期收益是企业最为重视的内容，也是内在驱动企业重要行为活动之一，而创新机会中存在着巨大的潜在利益。获取潜在利润、寻求利益最大化是企业生产经营和创新的主要目的，因此预期收益是内在驱动企业进行技术创新的核心力量。根据模型 M=f（R×E），即企业自主创新驱动力与其创新预期收益的函数关系，企业的自主创新预期收益越大，企业的创新动力越强，相反，企业就会丧失自主创新动力。

有研究表明政府激励会促使企业提升预期收益，而预期收益的提高会改变企业资产构成进而提高企业的创新投入，从而提升企业的经济效益，最终形成一种良性循环。这种良性循环可能形成的原因是政府激励的实施，无论是政府补贴还是研发加计扣除政策，都会传递出一种政府了解并支持该企业研发的信号，因此会对企业预期收益产生正向激励，能够增强企业信心，激发企业创新积极性，从而进行更多的创新活动。

具体到制造业企业技术创新，政府激励通过提高企业预期收益来影响企业双元创新能力的路径主要有二：一是提高制造业企业创新的信心。制造业企业双元创新需要持续且较大的成本投入，而且容易受到市场失灵和不确定性因素的影响，因此制造业企业也是不确定性风险的最终承担者。政府激励能够降低企业创新风险，使得该企业技术有更加明显的比较优势。当市场偏好采用企业技术产品时，在市场价格的激励下，企业对双元创新的积极性会随预期收益的增长而提高。二是调整市场需求。当政府对制造业企业进行研发激励后，市场将对企业的技术产品表现出更大的偏好，下游买家将增加对这类技术产品的采购量，同时传统产品的购买价格也会降低。在这种市场环境下，如果制造业企业未能及时根据市场需求变化来调整生产策略，很可能会面临传统产品市场竞争力衰退的问题，进而遭遇产品积压和预期收益下滑的风险。由于大多数制造业企业倾向于规避风险，它们在制定生产决策时总是在尽量减少风险和力求利润最大化之间寻找平衡。因此，在市场价格和市场风险的共同影响下，制造业企业为了实现更高的预期收益，往往更偏向于采取探索式创新和利用式创新策略。因此，政府激励能通过提高企业预期收益来促进制造业企业双元创新发展。

基于以上分析，结合研究内容，本研究认为创新收益预期在政府激励驱动企业技术创新的过程中发挥了中介作用，故提出以下假设：

H8a：预期收益在研发加计扣除政策对制造业企业双元创新的促进作用中起到显著的传导机制作用。

H8b：预期收益在政府补贴对制造业企业双元创新的促进作用中起到显著

的传导机制作用。

二、传导机制分析

为了验证假设 H8，本节使用 Bootstrap 方法检验预期收益在政府激励对制造业企业双元创新影响的中介作用。表 6-9 为预期收益的中介效应回归结果，从表中可以看出，研发加计扣除政策和政府补贴均对预期收益有显著的正向影响；预期收益对制造业企业双元创新的回归系数有三个通过显著性检验，说明预期收益在研发加计扣除政策对制造业企业利用式创新的促进作用中起到显著的传导机制作用，预期收益在研发加计扣除政策对制造业企业探索式创新没有显著的传导机制作用，在政府补贴对制造业企业双元创新的促进作用中起到显著的传导机制作用。

表 6-9　中介效应——预期收益

	(1) SA	(2) Mi	(3) Ti	(4) SA	(5) Mi	(6) Ti
Index	0.091***	0.244***	0.396***			
	(19.584)	(19.191)	(33.395)			
SUB				0.062***	0.283***	0.484***
				(9.147)	(15.458)	(28.238)
Ret		0.030	0.109***		0.065***	0.164***
		(1.471)	(5.787)		(3.205)	(8.679)
SIZE	0.034***	0.676***	0.769***	0.032***	0.675***	0.769***
	(9.486)	(69.706)	(85.138)	(9.042)	(69.361)	(84.381)
AGE	0.013**	0.030*	−0.094***	0.013**	0.036**	−0.084***
	(2.159)	(1.758)	(−5.973)	(2.106)	(2.082)	(−5.250)
INDEP	0.063	−0.125	−0.120	0.055	−0.141	−0.145
	(1.049)	(−0.768)	(−0.795)	(0.916)	(−0.864)	(−0.950)
CR	−0.031***	−0.032***	−0.015***	−0.033***	−0.034***	−0.018***
	(−18.605)	(−6.858)	(−3.511)	(−19.451)	(−7.198)	(−4.043)

续表

	(1) SA	(2) Mi	(3) Ti	(4) SA	(5) Mi	(6) Ti
DUAL	−0.002	0.012	0.012	0.003	0.025	0.033*
	(−0.232)	(0.600)	(0.675)	(0.407)	(1.272)	(1.847)
MSHARE	0.076***	0.341***	0.200***	0.086***	0.372***	0.252***
	(4.023)	(6.666)	(4.204)	(4.552)	(7.253)	(5.254)
TOP	0.098***	0.182**	−0.132**	0.082***	0.139*	−0.200***
	(3.753)	(2.553)	(−1.995)	(3.122)	(1.951)	(−2.996)
SOE	−0.050***	0.058**	0.232***	−0.040***	0.083***	0.271***
	(−5.528)	(2.383)	(10.176)	(−4.435)	(3.381)	(11.820)
ZSCORE	0.022***	0.002	0.011***	0.023***	0.001	0.010***
	(28.738)	(0.690)	(5.239)	(28.952)	(0.567)	(4.965)
_ cons	−0.498***	−13.212***	−15.094***	−0.563***	−13.534***	−15.653***
	(−5.998)	(−58.394)	(−71.628)	(−6.686)	(−59.226)	(−73.190)
时间固定效应	Yes	Yes	Yes	Yes	Yes	Yes
行业固定效应	Yes	Yes	Yes	Yes	Yes	Yes
N	18172	18172	18172	18172	18172	18172
R^2	0.354	0.466	0.471	0.344	0.463	0.463
Soble 检验值		1.467	5.550		3.025	6.296
Soble 检验 p 值		0.142	0.000		0.002	0.000
直接效应占比		0.989	0.976		0.986	0.980
间接效应占比		0.011	0.024		0.014	0.020

从表 6-10 的结果可以看出，在研发加计扣除政策对于利用式创新的激励影响中，预期收益的中介作用为 0.003，置信区间为（—0.003，0.008），含 0，判定预期收益的中介效应不成立；在研发加计扣除政策对于探索式创新的激励影响中，预期收益的中介作用是 0.010，置信区间是（0.005，0.015），不含 0，判定预期收益的中介效应成立；在政府补贴对于利用式创新的激励影响中，预期收益的中介作用是 0.004，置信区间是（0.001，0.007），不含 0，判定预期

收益的中介效应成立；在政府补贴对于探索式创新的激励影响中，预期收益的中介作用是 0.010，置信区间是（0.007，0.013），不含 0，判定预期收益的中介效应成立。

表 6-10　Bootstrap 中介效应检验——预期收益

中介路径	间接作用			直接作用		
	Effect	95%置信区间		Effect	95%置信区间	
		BootLLCI	BootULCI		LLCI	ULCI
Index－>Ret－>Mi	0.003	－0.003	0.008	0.244	0.084	0.405
Index－>Ret－>Ti	0.010	0.005	0.015	0.396	0.115	0.677
SUB－>Ret－>Mi	0.004	0.001	0.007	0.283	0.247	0.318
SUB－>Ret－>Ti	0.010	0.007	0.013	0.484	0.450	0.517

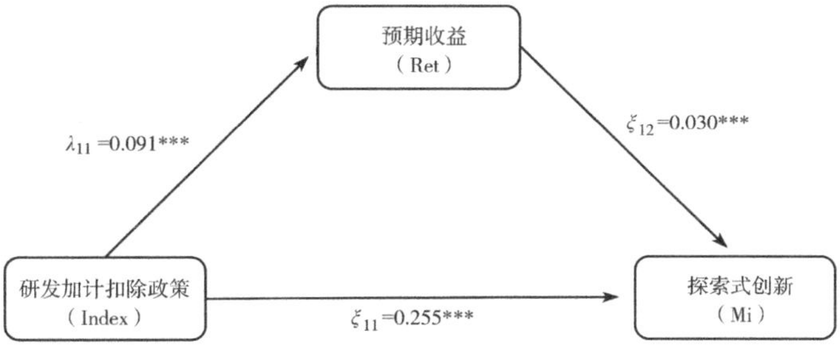

图 6-5　预期收益在研发加计扣除政策与利用式创新之间中介效应

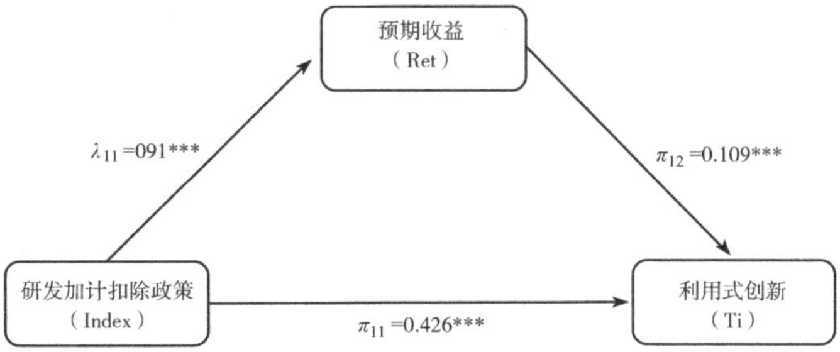

图 6-6　预期收益在研发加计扣除政策与探索式创新之间中介效应

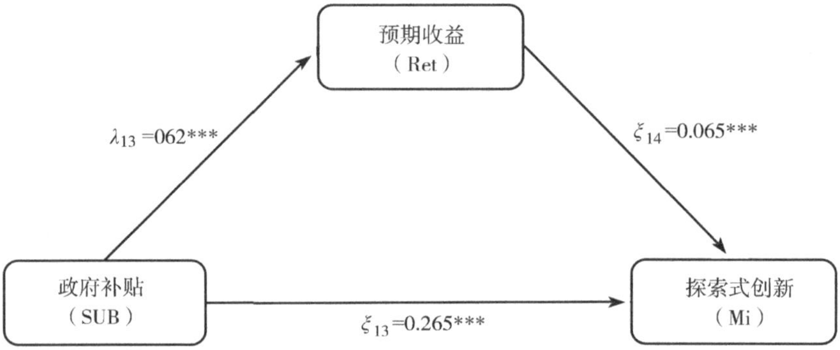

图 6-7　预期收益在政府补贴与利用式创新之间中介效应

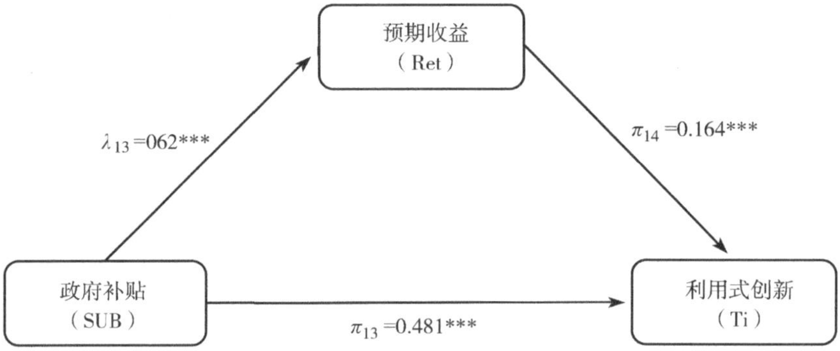

图 6-8　预期收益在政府补贴与探索式创新之间中介效应

三、异质性分析

表 6-11 为预期收益传导机制的异质性分析（处理方法同表 6-6），从表中可以看出以下几点结论。

1. 管理者技术背景

在管理者有技术背景组，研发加计扣除政策对于制造业双元创新的驱动中，预期收益的中介效应不显著，在其余中介效应中，预期收益的中介效应均显著；在管理者无技术背景组，研发加计扣除政策对于利用式创新的驱动和政府补贴对于利用式创新的驱动中，预期收益的中介效应不显著，在其余中介效应中，预期收益的中介效应均显著。

2. 行业竞争水平

在行业竞争低组，研发加计扣除政策对于利用式创新的驱动中和政府补贴对于利用式创新的驱动中，预期收益的中介效应不显著，在其余中介效应中，预期收益的中介效应均显著；在行业竞争高组，研发加计扣除政策对于制造业企业双元创新的驱动中，预期收益的中介效应不显著，在其余中介效应中，预期收益的中介效应均显著。

3. 经济不确定性

在经济不确定性高组，研发加计扣除政策对于制造业企业双元创新的驱动中，预期收益的中介效应不显著，在其余中介效应中，预期收益的中介效应均显著；在经济不确定性低组，研发加计扣除政策对于探索式创新的驱动中，预期收益的中介效应不显著，在其余中介效应中，预期收益的中介效应均显著。

表 6-11　预期收益传导机制的异质性分析

	中介路径	间接作用			直接作用		
		Effect	95%置信区间		Effect	95%置信区间	
			BootLLCI	BootULCI		LLCI	ULCI
管理者有技术背景	Index—>Ret—>Mi	−0.003	−0.013	0.006	0.408	0.361	0.454
	Index—>Ret—>Ti	0.006	−0.003	0.015	0.735	0.694	0.776
	SUB—>Ret—>Mi	0.004	0.000	0.008	0.298	0.255	0.341
	SUB—>Ret—>Ti	0.012	0.007	0.017	0.507	0.467	0.548
管理者无技术背景	Index—>Ret—>Mi	0.003	−0.003	0.009	0.161	−0.0734	0.396
	Index—>Ret—>Ti	0.005	0.000	0.011	0.218	−0.136	0.571
	SUB—>Ret—>Mi	0.004	−0.000	0.007	0.247	0.185	0.310
	SUB—>Ret—>Ti	0.007	0.002	0.011	0.429	0.372	0.485
行业竞争低	Index—>Ret—>Mi	0.002	−0.003	0.007	0.213	−0.049	0.475
	Index—>Ret—>Ti	0.005	0.000	0.009	0.268	−0.093	0.630
	SUB—>Ret—>Mi	0.003	−0.000	0.006	0.358	0.303	0.413
	SUB—>Ret—>Ti	0.005	0.002	0.009	0.480	0.429	0.531

续表

	中介路径	间接作用			直接作用		
		Effect	95%置信区间		Effect	95%置信区间	
			BootLLCI	BootULCI		LLCI	ULCI
行业竞争高	Index—>Ret—>Mi	−0.003	−0.014	0.009	0.338	0.290	0.386
	Index—>Ret—>Ti	0.007	−0.002	0.017	0.725	0.684	0.767
	SUB—>Ret—>Mi	0.005	0.000	0.009	0.222	0.175	0.270
	SUB—>Ret—>Ti	0.015	0.009	0.020	0.483	0.438	0.527
经济不确定性高	Index—>Ret—>Mi	−0.007	−0.019	0.005	0.411	0.359	0.463
	Index—>Ret—>Ti	0.006	−0.006	0.017	0.750	0.706	0.795
	SUB—>Ret—>Mi	0.006	0.001	0.011	0.240	0.187	0.294
	SUB—>Ret—>Ti	0.018	0.012	0.025	0.466	0.410	0.522
经济不确定性低	Index—>Ret—>Mi	0.002	−0.001	0.006	0.189	−0.020	0.399
	Index—>Ret—>Ti	0.005	0.001	0.009	0.279	−0.048	0.606
	SUB—>Ret—>Mi	0.003	0.000	0.006	0.318	0.270	0.366
	SUB—>Ret—>Ti	0.006	0.002	0.009	0.497	0.453	0.541

四、稳健性检验

1. 变更估计方法

本节利用聚类稳健标准误重新对模型进行估计。

表 6-12　变更估计方法——预期收益

	(1) SA	(2) Mi	(3) Ti	(4) SA	(5) Mi	(6) Ti
Index	0.091***	0.244***	0.396***			
	(2.943)	(3.320)	(3.140)			
SUB				0.062***	0.283***	0.484***
				(7.771)	(15.103)	(28.195)

续表 1

	(1) SA	(2) Mi	(3) Ti	(4) SA	(5) Mi	(6) Ti
Ret		0.030	0.109***		0.065***	0.164***
		(1.119)	(3.089)		(3.222)	(8.734)
SIZE	0.034***	0.676***	0.769***	0.032***	0.675***	0.769***
	(7.964)	(63.989)	(65.945)	(8.183)	(69.868)	(85.506)
AGE	0.013**	0.030*	−0.094***	0.0132**	0.036**	−0.084***
	(2.052)	(1.743)	(−5.955)	(1.985)	(2.056)	(−5.205)
INDEP	0.063	−0.125	−0.120	0.055	−0.141	−0.145
	(1.048)	(−0.774)	(−0.781)	(0.917)	(−0.872)	(−0.939)
CR	−0.031***	−0.032***	−0.015***	−0.033***	−0.034***	−0.018***
	(−15.929)	(−6.707)	(−3.121)	(−18.254)	(−7.352)	(−4.103)
DUAL	−0.002	0.012	0.012	0.003	0.025	0.033*
	(−0.231)	(0.597)	(0.668)	(0.406)	(1.266)	(1.846)
MSHARE	0.076***	0.341***	0.200***	0.086***	0.372***	0.252***
	(3.875)	(6.539)	(4.285)	(4.372)	(7.074)	(5.304)
TOP	0.098***	0.182**	−0.132*	0.082***	0.139*	−0.200***
	(3.724)	(2.487)	(−1.923)	(3.082)	(1.896)	(−2.875)
SOE	−0.050***	0.058**	0.232***	−0.040***	0.083***	0.271***
	(−5.658)	(2.357)	(9.485)	(−4.628)	(3.414)	(11.527)
ZSCORE	0.022***	0.002	0.011***	0.023***	0.001	0.010***
	(21.773)	(0.680)	(5.500)	(21.615)	(0.563)	(5.065)
_cons	−0.498***	−13.212***	−15.094***	−0.563***	−13.534***	−15.653***
	(−5.352)	(−57.781)	(−69.003)	(−5.993)	(−59.726)	(−74.307)
时间固定效应	Yes	Yes	Yes	Yes	Yes	Yes
行业固定效应	Yes	Yes	Yes	Yes	Yes	Yes
N	1817	18172	18172	18172	18172	18172
R^2	0.354	0.466	0.471	0.344	0.463	0.463
Soble 检验值		1.467	5.550		3.025	6.296

续表 2

	(1) SA	(2) Mi	(3) Ti	(4) SA	(5) Mi	(6) Ti
Soble 检验 p 值		0.142	0.000		0.002	0.000
直接效应占比		0.989	0.976		0.986	0.980
间接效应占比		0.011	0.024		0.014	0.020

2. 更换检验方法

为了验证预期收益在政府激励与制造业企业双元创新中发挥的中介作用，本节更改检验方法，利用模型重新进行中介效应估计（模型 6.4、6.5、6.6），回归结果如表 6-13 所示。根据实证结果显示，原假设均成立，证明前文模型稳健。

表 6-13 变更检验方法——预期收益

	(1) SA	(2) Mi	(3) Ti	(4) SA	(5) Mi	(6) Ti
Index	0.091***					
	(19.584)					
SUB				0.062***		
				(9.147)		
Ret		0.086***	0.200***		0.086***	0.200***
		(4.235)	(10.392)		(4.235)	(10.392)
SIZE	0.034***	0.665***	0.751***	0.032***	0.665***	0.751***
	(9.486)	(68.021)	(80.900)	(9.042)	(68.021)	(80.900)
AGE	0.013**	0.019	−0.111***	0.013**	0.019	−0.111***
	(2.159)	(1.131)	(−6.842)	(2.106)	(1.131)	(−6.842)
INDEP	0.063	−0.156	−0.171	0.055	−0.156	−0.171
	(1.049)	(−0.953)	(−1.100)	(0.916)	(−0.953)	(−1.100)
CR	−0.031***	−0.037***	−0.023***	−0.033***	−0.037***	−0.023***
	(−18.605)	(−7.833)	(−5.174)	(−19.451)	(−7.833)	(−5.174)

续表

	(1) SA	(2) Mi	(3) Ti	(4) SA	(5) Mi	(6) Ti
DUAL	−0.002	0.022	0.0300	0.003	0.022	0.030
	(−0.232)	(1.154)	(1.610)	(0.407)	(1.154)	(1.610)
MSHARE	0.076***	0.357***	0.226***	0.086***	0.357***	0.226***
	(4.023)	(6.913)	(4.613)	(4.552)	(6.913)	(4.613)
TOP	0.098***	0.130*	−0.216***	0.082***	0.130*	−0.216***
	(3.753)	(1.807)	(−3.169)	(3.122)	(1.807)	(−3.169)
SOE	−0.050***	0.090***	0.283***	−0.040***	0.090***	0.283***
	(−5.528)	(3.645)	(12.085)	(−4.435)	(3.645)	(12.085)
ZSCORE	0.022***	0.002	0.011***	0.023***	0.002	0.011***
	(28.738)	(0.783)	(5.256)	(28.952)	(0.783)	(5.256)
_cons	−0.498***	−13.129***	−14.959***	−0.563***	−13.129***	−14.959***
	(−5.998)	(−57.457)	(−68.915)	(−6.686)	(−57.457)	(−68.915)
时间固定效应	Yes	Yes	Yes	Yes	Yes	Yes
行业固定效应	Yes	Yes	Yes	Yes	Yes	Yes
N	18172	18172	18172	18172	18172	18172
R^2	0.354	0.456	0.439	0.344	0.456	0.439

第五节　产学研合作的传导机制作用

一、研究假设

资源基础决定制造业企业的创新能力和创新意愿，进而决定制造业企业的创新模式。制造业企业往往具备较强的创新动力和创新意愿，但制造业创新活动具有投入高、周期长等特点。企业创新资源基础参差不齐，仅依靠自身资源进行技术创新的难度上升。当前，有效的合作研发引起政府部门的重视，增强制造业企业间的合作已经成为创新激励政策的重要目标之一。中共二十大报告指出，加强企业主导的产学研深度融合，要强化目标导向，提高科技成果转化和产业化水平。产学研合作是多元协同合作的一种重要形式，是企业同高校、科研院所之间的活动，能够对企业创新成果产生显著影响。

政府激励不仅能直接或间接为制造业企业降低研发成本，并且所形成的企业优质信号效应，能帮助企业有效寻求到合适的合作伙伴及相应的知识基础。由于高校与科研院所有能力开展基础研究领域的研发创新活动，拓展创新领域和内容，实施高质量、高效率创新活动。因此，企业通过产学研合作与科研院所和高校共享基础研究成果，能够以较低成本和风险利用创新成果，并且能够在产学研合作过程中接收其他主体的知识溢出，实现技术与知识融合，从而提升自身知识资源转化率。

探讨产学研合作在政府激励对企业双元创新影响中所发挥的中介作用机制，可以从广度和深度两个方面概述。从产学研合作广度来说，产学研合作广度越高，大学或科研院所参与企业创新活动的环节越多，从而能共同搭建完善的整体创新体系，加速创新资源集聚与流动，优化创新要素配置，最终提高企业创新能力。同时，制造业企业可以从学研机构中获得更多互补的非冗余知识、技术、人才、资金资源。学研机构从基础研究开始，在创新活动各环节为制造业企业提供新思想、新视角，带来更多创新资源组合机会，缩短新产品开发周期，有效弥补并增加制造业企业原本匮乏的内部知识基础。从产学研合作深度来说，制造业企业与学研机构共建利益共同体，通过一系列制度安排，形成利益融合机制，有效解决风险分担、利益分配等机制问题，实现对创新资源的高效共享和优化配置，有利于调动产学研各方为实现共同利益追求而深入合作的积极性，最大程度形成创新合力，提高企业双元创新水平。产学研合作深度能够反映企业与科研院所和高校建立的合作关系，较高的合作深度能够提升企业学习能力与知识吸收能力，进而提高企业资源整合与科技成果转化能力。因此，企业的产学研合作对象越多，合作广度越高，越有助于企业创新绩效提升。制造业企业利用外部资源进行开放式创新，尤其是与创新资源丰富的高校、科研机构合作，进行优势资源互补，提高企业相应的知识基础，突破创新发展瓶颈。因此，政府激励促进企业深度参与产学研合作，进而有效提升制造业企业的双元创新能力。

综上所述，企业与高等学府及科研机构之间的合作程度越深，越能促进资源整合与优势互补，进而更有效地分摊研发成本，控制创新过程中的风险，并提高企业的双元创新能力。基于此，本节提出以下假设：

H9a：产学研合作在研发加计扣除政策对制造业企业双元创新的影响中起到显著的传导机制作用。

H9b：产学研合作在政府补贴对制造业企业双元创新的影响中起到显著的传导机制作用。

二、传导机制分析

为了验证假设 H9，本节使用 Bootstrap 方法检验产学研合作在政府激励对制造业企业双元创新影响的中介作用。表 6-14 为产学研合作的中介效应回归结果，从表中可以看出，研发加计扣除政策和政府补贴均对产学研合作有显著的正向影响。产学研合作对制造业企业双元创新有显著的正向影响，说明产学研合作在研发加计扣除政策和政府补贴对制造业企业双元创新的促进作用中起到显著的传导机制作用。

表 6-14 中介效应——产学研

	(1) SA	(2) Mi	(3) Ti	(4) SA	(5) Mi	(6) Ti
Index	0.055***	0.248***	0.398***			
	(17.627)	(20.027)	(35.075)			
SUB				0.021***	0.261***	0.468***
			(4.799)	(15.276)	(29.737)	
IUR		0.139***	0.511***		0.192***	0.593***
	(5.079)	(20.375)		(7.041)	(23.646)	
SIZE	0.057***	0.663***	0.734***	0.056***	0.662***	0.733***
	(23.957)	(70.469)	(84.927)	(23.240)	(69.960)	(84.122)
AGE	−0.014***	0.0645***	−0.042***	−0.014***	0.077***	−0.019
	(−4.065)	(4.796)	(−3.385)	(−3.940)	(5.664)	(−1.544)

续表

	(1) SA	(2) Mi	(3) Ti	(4) SA	(5) Mi	(6) Ti
INDEP	0.031	−0.025	−0.195	0.025	−0.038	−0.211
	(0.790)	(−0.160)	(−1.373)	(0.634)	(−0.244)	(−1.479)
CR	0.002**	−0.035***	−0.018***	0.001	−0.039***	−0.024***
	(1.960)	(−9.161)	(−5.190)	(0.637)	(−10.213)	(−6.873)
DUAL	−0.018***	0.024	0.039**	−0.016***	0.037**	0.060***
	(−3.937)	(1.359)	(2.387)	(−3.370)	(2.067)	(3.624)
MSHARE	−0.037***	0.331***	0.218***	−0.032***	0.362***	0.270***
	(−3.104)	(7.227)	(5.170)	(−2.689)	(7.870)	(6.357)
TOP	−0.020	0.237***	−0.084	−0.030*	0.200***	−0.141**
	(−1.153)	(3.443)	(−1.330)	(−1.683)	(2.903)	(−2.220)
SOE	0.030***	0.027	0.191***	0.035***	0.043*	0.217***
	(4.985)	(1.127)	(8.829)	(5.825)	(1.840)	(9.958)
ZSCORE	0.000	0.004*	0.0140***	0.001	0.005**	0.015***
	(0.597)	(1.915)	(7.411)	(1.196)	(2.376)	(8.106)
_cons	−1.108***	−12.988***	−14.484***	−1.129***	−13.277***	−15.026***
	(−19.950)	(−59.406)	(−72.136)	(−20.034)	(−60.049)	(−73.704)
时间固定效应	Yes	Yes	Yes	Yes	Yes	Yes
行业固定效应	Yes	Yes	Yes	Yes	Yes	Yes
N	20450	20450	20450	20450	20450	20450
R^2	0.075	0.466	0.482	0.062	0.462	0.474
Soble 检验值		4.880	13.330		3.965	4.703
Soble 检验 p 值		0.000	0.000		0.000	0.000
直接效应占比		0.970	0.934		0.985	0.974
间接效应占比		0.030	0.066		0.015	0.026

从表 6-15 结果可以看出，在研发加计扣除政策对于利用式创新的激励影响中，产学研合作的中介作用为 0.008，置信区间是（0.003，0.012），不含 0，

判定产学研合作的中介效应成立；在研发加计扣除政策对于探索式创新的激励影响中，产学研合作的中介作用是 0.028，置信区间是（0.010，0.047），不含 0，判定产学研合作的中介效应成立；在政府补贴对于利用式创新的激励影响中，产学研合作的中介作用是 0.004，置信区间是（0.002，0.006），不含 0，判定产学研合作的中介效应成立；在政府补贴对于探索式创新的激励影响中，产学研合作的中介作用是 0.013，置信区间是（0.008，0.017），不含 0，判定产学研合作的中介效应成立。

表 6-15　Bootstrap 中介效应检验——产学研

中介路径	间接作用			直接作用		
	Effect	95%置信区间		Effect	95%置信区间	
		BootLLCI	BootULCI		LLCI	ULCI
Index－＞IUR－＞Mi	0.008	0.003	0.012	0.248	0.096	0.399
Index－＞IUR－＞Ti	0.028	0.010	0.047	0.398	0.142	0.654
SUB－＞IUR－＞Mi	0.004	0.002	0.006	0.261	0.226	0.296
SUB－＞IUR－＞Ti	0.013	0.008	0.017	0.468	0.437	0.499

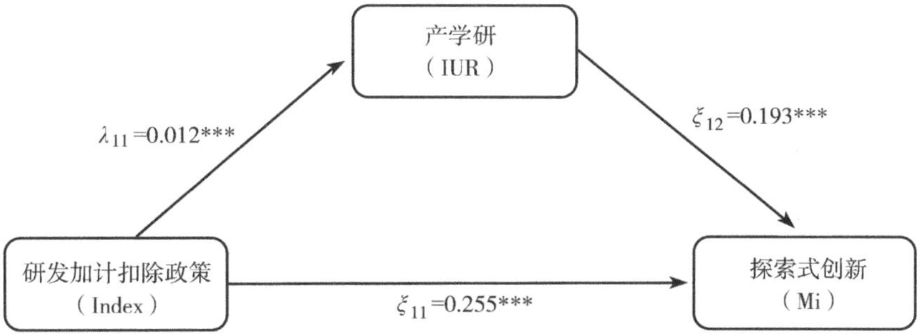

图 6-9　产学研合作在研发加计扣除政策与利用式创新之间中介效应

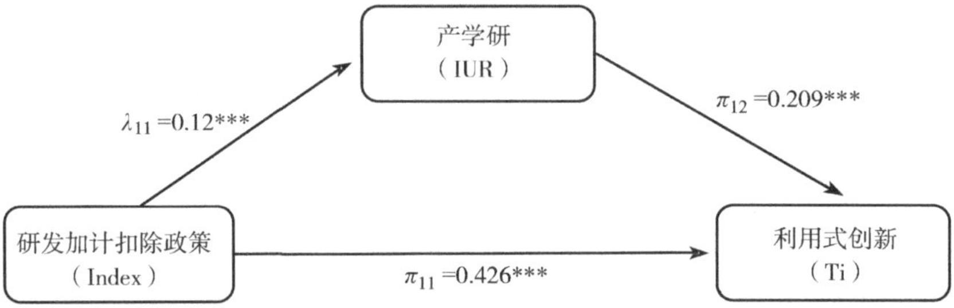

图 6-10　产学研合作在研发加计扣除政策与探索式创新之间中介效应

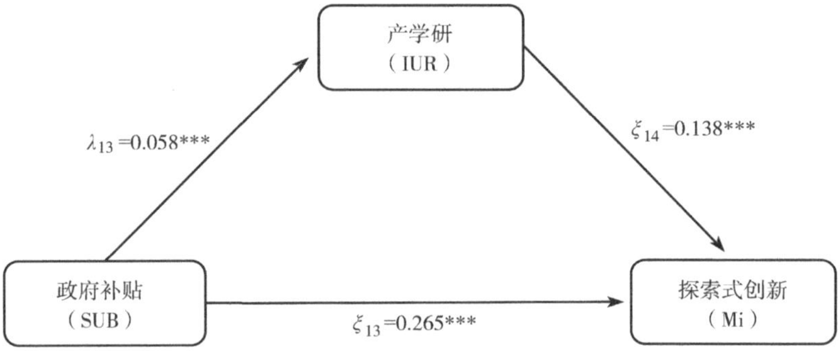

图 6-11　产学研合作在政府补贴与利用式创新之间中介效应

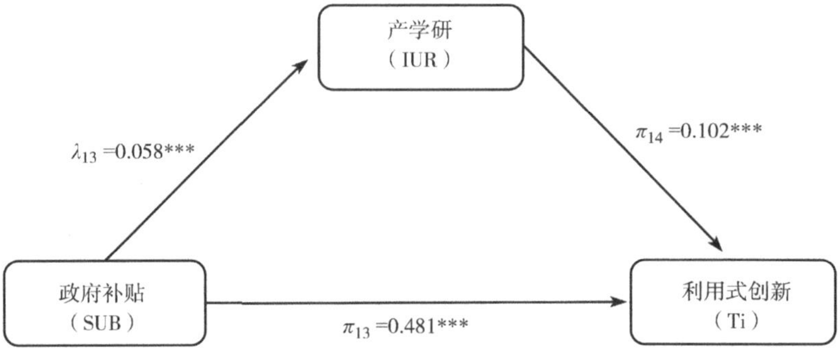

图 6-12　产学研合作在政府补贴与探索式创新之间中介效应

三、异质性分析

表 6-16 为产学研合作传导机制的异质性分析（处理方法同前文表 6-6），从表中可以看出以下几种结论。

1. 管理者技术背景

在管理者有技术背景组，研发加计扣除政策对于利用式创新的驱动中，产学研合作的中介效应不显著，在其余中介效应中，产学研合作的中介效应均显著；在管理者无技术背景组，研发加计扣除政策对于制造业企业双元创新的驱动中，产学研合作的中介效应不显著，在其余中介效应中，产学研合作的中介效应均显著。

2. 行业竞争水平

在行业竞争低组，产学研合作的中介效应均不显著；在行业竞争高组，产学研合作的中介效应均显著。

3. 经济不确定性

在经济不确定性高组，产学研合作的中介效应均显著；在经济不确定性低组，产学研合作的中介效应均不显著。

表 6-16　产学研合作传导机制的异质性分析

	中介路径	间接作用			直接作用		
		Effect	95%置信区间		Effect	95%置信区间	
			BootLLCI	BootULCI		LLCI	ULCI
管理者有技术背景	Index->IUR->Mi	0.003	−0.005	0.011	0.394	0.351	0.437
	Index->IUR->Ti	0.054	0.046	0.062	0.688	0.649	0.728
	SUB->IUR->Mi	0.003	0.001	0.005	0.279	0.240	0.319
	SUB->IUR->Ti	0.015	0.008	0.022	0.498	0.462	0.53
管理者无技术背景	Index->IUR->Mi	0.003	−0.008	0.014	0.172	−0.052	0.397
	Index->IUR->Ti	0.005	−0.014	0.024	0.239	−0.090	0.568
	SUB->IUR->Mi	0.005	0.001	0.009	0.220	0.162	0.279
	SUB->IUR->Ti	0.008	0.002	0.015	0.407	0.355	0.459
行业竞争低	Index->IUR->Mi	0.005	0.000	0.010	0.217	−0.037	0.471
	Index->IUR->Ti	0.016	−0.010	0.042	0.271	−0.055	0.597
	SUB->IUR->Mi	0.003	0.000	0.005	0.328	0.278	0.378
	SUB->IUR->Ti	0.008	0.000	0.015	0.462	0.414	0.510

续表

	中介路径	间接作用			直接作用		
		Effect	95%置信区间		Effect	95%置信区间	
			BootLLCI	BootULCI		LLCI	ULCI
行业竞争高	Index—>IUR—>Mi	0.011	0.002	0.019	0.330	0.285	0.375
	Index—>IUR—>Ti	0.044	0.037	0.052	0.698	0.660	0.737
	SUB—>IUR—>Mi	0.005	0.002	0.008	0.206	0.161	0.251
	SUB—>IUR—>Ti	0.016	0.010	0.0225	0.470	0.430	0.510
经济不确定性高	Index—>IUR—>Mi	0.013	0.004	0.023	0.381	0.334	0.428
	Index—>IUR—>Ti	0.059	0.050	0.068	0.695	0.654	0.736
	SUB—>IUR—>Mi	0.009	0.005	0.013	0.208	0.156	0.259
	SUB—>IUR—>Ti	0.027	0.017	0.036	0.439	0.392	0.485
经济不确定性低	Index—>IUR—>Mi	0.003	−0.001	0.007	0.198	−0.004	0.400
	Index—>IUR—>Ti	0.012	−0.007	0.030	0.292	−0.018	0.602
	SUB—>IUR—>Mi	0.001	−0.001	0.003	0.306	0.260	0.352
	SUB—>IUR—>Ti	0.003	−0.002	0.008	0.491	0.449	0.532

四、稳健性检验

1. 变更估计方法

本节利用聚类稳健标准误重新对模型进行估计。

表 6-17　变更估计方法——产学研

	(1) SA	(2) Mi	(3) Ti	(4) SA	(5) Mi	(6) Ti
Index	0.056**	0.248***	0.398***			
	(2.347)	(3.577)	(3.433)			
SUB				0.021***	0.261***	0.468***
				(4.983)	(15.051)	(29.674)

续表 1

	(1) SA	(2) Mi	(3) Ti	(4) SA	(5) Mi	(6) Ti
IUR		0.139***	0.511***		0.192***	0.593***
		(3.820)	(10.477)		(7.489)	(26.319)
SIZE	0.057***	0.663***	0.734***	0.056***	0.662***	0.733***
	(18.891)	(62.341)	(61.135)	(20.066)	(70.079)	(84.938)
AGE	−0.014***	0.065***	−0.042***	−0.014***	0.077***	−0.019
	(−4.180)	(4.714)	(−3.290)	(−4.033)	(5.573)	(−1.515)
INDEP	0.031	−0.025	−0.195	0.025	−0.038	−0.211
	(0.782)	(−0.161)	(−1.341)	(0.630)	(−0.246)	(−1.458)
CR	0.002*	−0.035***	−0.018***	0.001	−0.039***	−0.024***
	(1.783)	(−8.302)	(−3.950)	(0.703)	(−10.224)	(−6.899)
DUAL	−0.018***	0.024	0.039**	−0.016***	0.037**	0.060***
	(−4.122)	(1.347)	(2.335)	(−3.558)	(2.056)	(3.609)
MSHARE	−0.037***	0.331***	0.218***	−0.032***	0.362***	0.270***
	(−3.614)	(7.070)	(5.209)	(−3.134)	(7.662)	(6.352)
TOP	−0.020	0.237***	−0.084	−0.030*	0.200***	−0.141**
	(−1.146)	(3.377)	(−1.294)	(−1.664)	(2.834)	(−2.139)
SOE	0.030***	0.027	0.191***	0.035***	0.043*	0.217***
	(4.525)	(1.127)	(8.622)	(5.279)	(1.851)	(9.748)
ZSCORE	0.000	0.004*	0.014***	0.001	0.005**	0.015***
	(0.642)	(1.858)	(7.472)	(1.283)	(2.341)	(8.157)
_cons	−1.108***	−12.988***	−14.484***	−1.129***	−13.277***	−15.026***
	(−17.207)	(−57.390)	(−65.308)	(−17.491)	(−60.212)	(−74.625)
时间固定效应	Yes	Yes	Yes	Yes	Yes	Yes
行业固定效应	Yes	Yes	Yes	Yes	Yes	Yes
N	20450	20450	20450	20450	20450	20450
R^2	0.075	0.466	0.482	0.062	0.462	0.474
Soble 检验值		4.880	13.330		3.965	4.703

续表 2

	(1) SA	(2) Mi	(3) Ti	(4) SA	(5) Mi	(6) Ti
Soble 检验 p 值		0.000	0.000		0.000	0.000
直接效应占比		0.970	0.934		0.985	0.974
间接效应占比		0.030	0.066		0.015	0.026

2. 更换检验方法

为了验证产学研在政府激励与制造业企业双元创新发挥的中介作用，本章更改检验方法，利用模型重新进行中介效应估计（模型 6.4、6.5、6.6），回归结果如表 6-18 所示。根据实证结果显示，原假设均成立，证明前文模型稳健。

表 6-18 变更检验方法——产学研

	(1) SA	(2) Mi	(3) Ti	(4) SA	(5) Mi	(6) Ti
Index	0.056***					
	(17.627)					
SUB				0.021***		
				(4.799)		
IUR		0.206***	0.618***		0.206***	0.618***
		(7.516)	(24.142)		(7.516)	(24.142)
SIZE	0.057***	0.650***	0.713***	0.056***	0.650***	0.713***
	(23.957)	(68.584)	(80.320)	(23.240)	(68.584)	(80.320)
AGE	−0.014***	0.061***	−0.047***	−0.014***	0.061***	−0.047***
	(−4.065)	(4.503)	(−3.710)	(−3.940)	(4.503)	(−3.710)
INDEP	0.031	−0.061	−0.254*	0.025	−0.061	−0.254*
	(0.790)	(−0.394)	(−1.739)	(0.634)	(−0.394)	(−1.739)
CR	0.002**	−0.042***	−0.029***	0.001	−0.042***	−0.029***
	(1.960)	(−10.873)	(−8.091)	(0.637)	(−10.873)	(−8.091)

续表

	(1) SA	(2) Mi	(3) Ti	(4) SA	(5) Mi	(6) Ti
DUAL	−0.018***	0.036**	0.058***	−0.016***	0.036**	0.058***
	(−3.937)	(1.997)	(3.436)	(−3.370)	(1.997)	(3.436)
MSHARE	−0.037***	0.350***	0.247***	−0.032***	0.350***	0.247***
	(−3.104)	(7.554)	(5.702)	(−2.689)	(7.554)	(5.702)
TOP	−0.020	0.193***	−0.153**	−0.030*	0.193***	−0.153**
	(−1.152)	(2.789)	(−2.361)	(−1.683)	(2.789)	(−2.361)
SOE	0.030***	0.050**	0.229***	0.035***	0.050**	0.229***
	(4.985)	(2.119)	(10.305)	(5.825)	(2.119)	(10.305)
ZSCORE	0.000	0.005***	0.016***	0.001	0.005***	0.016***
	(0.597)	(2.680)	(8.546)	(1.196)	(2.680)	(8.546)
_cons	−1.108***	−12.862***	−14.281***	−1.129***	−12.862***	−14.281***
	(−19.950)	(−58.285)	(−69.103)	(−20.034)	(−58.285)	(−69.103)
时间固定效应	Yes	Yes	Yes	Yes	Yes	Yes
行业固定效应	Yes	Yes	Yes	Yes	Yes	Yes
N	20450	20450	20450	20450	20450	20450
R^2	0.075	0.456	0.451	0.062	0.456	0.451

第六节　本章小结

本章探究了研发加计扣除政策与政府补贴对制造业企业双元创新的作用机制。通过构建多元线性回归和平行中介模型，研究融资约束、预期收益和产学研合作等因素在政府激励对制造业企业双元创新影响的传导机制效应，为相关部门细化政府激励策略提供经验依据。研究发现：第一，融资约束在研发加计扣除政策和政府补贴对制造业企业双元创新的促进作用中起到显著的传导机制作用；第二，预期收益在研发加计扣除政策对制造业企业利用式创新的促进作用中起到显著的传导机制作用，在研发加计扣除政策对制造业企业探索式创新中没有显著的促进作用，预期收益在政府补贴对制造业企业双元创新的促进作用中起到显著的传导机制作用；第三，产学研合作在研发加计扣除政策和政府补贴对制造业企业双元创新的促进作用中起到显著的传导机制作用。根据管理者技术背景、行业竞争水平和经济不确定性分组，比较融资约束、预期收益和产学研合作等因素的传导效应在研发加计扣除政策和政府补贴对制造业企业双元创新的促进作用差异。

第七章　研究结论与对策建议

第一节　研究结论

本书在梳理双元性组织理论、政府工具理论、信号理论、协同创新理论、企业优序融资理论的基础上，结合政府激励的目标，通过理论分析与实证模型相结合的方式探究政府激励对制造业企业双元创新的影响。针对本书涉及的政府激励策略，系统分析现阶段政府激励中具有代表性的政府补贴和研发加计扣除政策实施情况。针对制造业企业创新现状，从创新活动总体情况、创新投入现状、创新产出现状出发进行分析。基于理论分析与现状阐述，本研究利用2010—2022年上市制造业企业数据库构建微观研究样本，综合运用双向固定效应模型、2SLS模型以及GMM动态模型、似不相关回归模型、门槛效应模型，以及使用逐步回归检验和更改估计方法两种方式进行稳健性检验，验证研发加计扣除政策和政府补贴对制造业企业双元创新的影响。并基于企业产权、企业所属区域、企业生命周期、企业高新技术属性和企业要素密集度五个维度，分析企业在不同的特性下，政府激励对制造业企业创新活动的具体影响及其差异。最后，研究融资约束、预期受益和产学研合作等因素在政府激励对制造业企业双元创新影响的传导机制效应，并根据管理者技术背景、行业竞争水平和经济不确定性分组比较传导效应在研发加计扣除政策和政府补贴对制造业企业双元创新的促进作用差异。通过上述理论、现状分析与实证检验，得出以下研究结论。

一、现状分析方面

本书梳理制造业企业创新现状，整理我国激励企业创新的研发加计扣除政策和政府补贴政策演变过程，并列示各时期研发加计扣除政策和政府补贴的特点与经验教训，得出以下结论：

第一，我国制造业增加值呈稳步上升的趋势，虽然制造业增加值占国内生产总值的比重在2020年后呈上升趋势，但总体趋于下降。制造业比重下降是全球的普遍现象，但是相对于发达国家而言，我国的制造业比重却出现了提前下降的趋势。

第二，政府对制造业企业研发投入经费持续上涨，反映了制造业企业在激励政策支持下，研发力度随之加大，不断试验和发展新的技术和产品，制造创新能力的加强又反向助推政府提高政策激励的力度，形成一个良性循环，推动国家整体创新能力的提高。

第三，在政府补贴方面，政府对不同制造业行业的补贴存在较大差异，呈现明显的行业偏向性。政府补贴费用排在前几位的均为科技要素密集程度较高的制造业企业，说明政府较为重视科技含量较高的制造业企业。

第四，随着研发加计扣除政策和政府补贴两种政府激励手段的日趋规范化和精准化，对制造业企业双元创新激励效应愈发显著，但仍存在一定缺陷。政府激励对制造业企业的缺陷：在研发加计扣除政策方面，当前的政策未能充分考虑到制造业企业不同发展阶段的特定需求，缺乏持续有效的针对性策略，并且政策的激励范围有限，实施手段也较为单调。研发加计扣除政策扶持领域覆盖面较窄，对传统制造业企业创新激励不足；在政府补贴方面，政府对制造业不同行业的补贴存在一定差异，呈现明显的行业偏向性，而且政府补贴项目的设计缺少整体规划，补贴项目在执行过程中的评估和监督机制也需要进一步强化和完善。缺陷具体表现在以下三点：一是政府补贴项目的设立缺少一个全面的框架规划，导致政策目标和结构模糊不清，不够合理；二是政府补贴条款的表述在专业性和规范性上不足，并且给予了行政机关过多的自由裁决权，这可能会导致企业寻求不正当的利益；三是在执行政府补贴过程中，政府未能建立一个完善的事前审查、执行监管和事后评价机制，这导致了企业对创新激励政策资金利用效率下降。

二、实证分析方面

1. 政府激励对制造业企业双元创新具有显著的促进作用，即研发加计扣除政策和政府补贴对制造业企业利用式创新和探索式创新均呈现出显著的促进作用。一方面政府激励降低了制造业企业进行双元创新活动的风险，另一方面政府激励也给予制造业企业更多的研发资金，扩大企业创新规模。其中，相比政府补贴，研发加计扣除政策对制造业企业双元创新的促进作用更大。

2. 运用门槛效应分析研发加计扣除政策和政府补贴对制造业企业双元创新之间的非线性关系，得出结论：相对于低融资约束制造业企业，研发加计扣除政策可以更显著地促进高融资约束制造业企业探索式创新，政府补贴可以更显著地促进高融资约束制造业企业双元创新；相对于高年龄组制造业企业，研发加计扣除政策可以更显著地促进低年龄组制造业企业双元创新，相对于低年龄组制造业企业，政府补贴可以更显著地促进高年龄组制造业企业双元创新；相较于政府补贴，研发加计扣除政策对制造业企业双元创新的促进作用更显著。

3. 政府激励对制造业企业双元创新的影响根据企业特征呈现异质性。第一，在企业产权异质性方面，相对于国有制造业企业，研发加计扣除政策和政府补贴可以更显著地促进民营制造业企业双元创新战略的实施；第二，在企业区域异质性方面，相对于中西部地区制造业企业，研发加计扣除政策和政府补贴均能更显著地促进东部制造业企业双元创新战略的实施；第三，在企业生命周期异质性方面，相对于成熟期制造业企业，研发加计扣除政策和政府补贴均能更显著地促进初创期、成长期制造业企业双元创新战略的实施；第四，在企业技术类型异质性方面，相对于非高新技术制造业企业，研发加计扣除政策和政府补贴均能更显著地促进高新技术制造业企业双元创新战略的实施；第五，在企业要素密集度异质性方面，相对于低要素密集度企业，研发加计扣除政策和政府补贴均能更显著地促进高要素密集度制造业企业双元创新战略的实施。

4. 融资约束在研发加计扣除政策和政府补贴对制造业企业双元创新的促进作用中起到显著的传导机制作用；预期收益在研发加计扣除政策对制造业企业利用式创新的促进作用中起到显著的传导机制作用，而在研发加计扣除政策对制造业企业探索式创新的促进作用中没有起到显著的传导机制作用。预期收益在政府补贴对制造业企业双元创新的促进作用中起到显著的传导机制作用；产学研合作在研发加计扣除政策和政府补贴对制造业企业双元创新的促进作用中起到显著的传导机制作用。最后，根据管理者技术背景、行业竞争水平和经济不确定性分组，比较传导效应在研发加计扣除政策对制造业企业双元创新的促进作用和政府补贴对制造业企业双元创新的促进作用差异。

第二节　对策建议

本书研究与论证了政府激励对制造业企业双元创新的影响，掌握研发加计扣除政策和政府补贴对企业创新体系双重影响的准确性，对于优化政府激励结构，指导与促进企业的创新活动、管理策略和发展路径具有至关重要的现实意义。此外，它对于推动制造业企业创新模式的转型和创新策略的升级也具有极大的价值。因此，基于研究发现，本书提出了针对政府和企业两个维度的政策建议。

一、加强政府补贴和研发加计扣除政策的配合使用

本书通过实证分析发现，仅依靠单一的政府激励手段来引导企业创新是不够的。事前、事中以及事后的政府激励策略需要协同作用，才能显著地驱动制造业企业双元创新发展。在现实中，政府为了发挥政府激励效果，科学合理运用我国政府补贴和研发加计扣除政策，打造精准促进制造业企业双元创新的激励体系。政府补贴和研发加计扣除政策都是普惠性财税政策，都有各自独特的优势，因其具有固有特性和应用范围的差异，在协同作用时可能出现重叠和冲突。政府补贴直接性较强，激励效应明显，侧重于从众多竞争者中筛选出特定企业或项目进行大额资助，形成了一种“事前支持”模式。资助对象的选择主要掌握在政府手中，这一过程具有高度的竞争性，但政府补贴更关注对制造业企业创新投入端的激励作用，却忽略对产出或收益的考核，在一定程度上导致补贴低效。研发加计扣除政策展现了其独特的灵活性，主要体现在对企业在研发投入后通过税务申报实现税负减免的方式。该政策以促进企业创新成果为目

标，在实施过程中对研发输出设有明确的要求，通过减少企业开销，实现了对企业的“事后支持”。此外，该政策的优惠受益权大多数情况下由企业自身掌握，一旦企业满足相关条件即可受益，因而具备较强的包容性。这两种策略相互补足，在鼓励企业创新方面产生了相辅相成的效果，合理搭配好这两种政府激励策略，有助于提升政府激励在推动企业创新中的激励效能。

第一，针对不同行业特征，对政府激励手段进行调配。在研发加计扣除政策力度或政府补贴力度适度的同时，对另一政策的实际扶持力度进行提高调整；政策间的配合实施不仅要考虑到彼此的实施强度，而且还要考虑到彼此间可能造成的激励效果损益，因此要保证财税政策能更有效地促进企业创新，实现较理想的创新结果，就需要合理利用两个普惠性财税政策，并结合激励对象的不同特点、相关因素，比如企业所处行业或经营地区创新环境等，有计划地调整政策组合方式，最大程度地提高政策利用率，实现最优政府激励策略的配合效果；另外关于政府激励执行的具体方式，应通过跨领域、多时间节点和不同强度的综合评估和测算，以确保政策组合的合理性。例如，将研发加计扣除政策中的税基合理测算纳入政府补贴的发放标准考量之一，以及考虑将政府补贴中的财政贴息合理测算作为税率调整的一项重要因素等。这些举措将使政策更加科学合理，更好地服务于企业创新和发展。

第二，优化研发加计扣除政策。实证研究发现，研发加计扣除政策对制造业企业双元创新的促进作用比政府补贴更大，因此，进一步强化研发加计扣除政策至关重要。首先，应考虑提高研发加计扣除的强度。尽管中国制造业的研发加计扣除政策比例已经提升至 100%，但与某些发达国家相比，这个强度仍然有上升的可能性。举例来说，自 2012 年起，英国就将小型企业的研发税收优惠提升至 225%。其次，应当拓宽加计扣除政策的应用范围。目前政策中尚未包括工会经费、员工培训成本、固定资产折旧等项目，这限制了政策效果的广泛性，尤其是对于资金密集型和高人力成本的高端制造业企业来说，这种限制的影响尤为突出。此外，应优化研发支出的汇总范围。对于那些研发活动频繁的高新技术企业而言，如何汇总研发支出是该政策成功的关键。企业应遵循政策指导，建立专门的研发费用核算和管理体系，清晰界定研发支出管理的每一个环节。在账目设置上，应与相关政策保持一致，以便精确汇总和核算研发支出，这不仅便于企业的日常管理，也有利于企业利用政策优惠。最后，考虑把企业研发中心或实验室的固定资产折旧和摊销纳入研发支出的汇总范围，并对这些设施的实际用途进行严格审核，确保只有真正用于研发创新活动的设施折旧和摊销才能在加计扣除中予以扣除。

第三，加强政府补贴的激励效果。政府补贴的针对性强，反应迅速，能够在短期内为企业提供必要的资金援助，有效激发企业开展特定的研发工作，这是研发加计扣除政策所不具备的优势。因此，政府还需要增强政府补贴的激励作用，完善资助方式。除了传统的专项资助和行业资助之外，政府还应考虑根据新产品销售额、发明专利授权数量等给予企业适当的奖励，通过将政府补贴与市场需求结合起来，更有效地引导企业调整产业布局，实现资源优化配置，并鼓励企业开展自主创新。

二、实施差异化、精准化的政府激励策略

政府针对特定行业或某一政策目标“一刀切”的财税政策加剧了政府激励效果差异，甚至对某些类型的制造业企业的激励效果不理想，这有可能会造成政策效果浪费。国家税务总局表示，要“继续落实落细减税降费政策”，提高政策的精准性，关键在于明确政府激励策略对不同制造业企业双元创新影响的异质性和特殊性，实施差异化、结构性的政府激励策略。根据实证结论，企业产权性质、所属区域、生命周期、高新技术属性、要素密集度等属性的不同都会影响政府激励制造业企业双元创新的效果。因此，政府部门在制定企业创新的激励政策时，应充分考虑企业产权性质、所属区域、生命周期、高新技术属性、要素密集度等属性的特征，不应该采取“一刀切”的办法，要对不同产权性质、所属区域、生命周期、高新技术属性、要素密集度的企业实施差异化的政府激励策略，提高激励精准性，引导制造业企业技术创新向更高层次发展。具体建议如下：

1. 加大对成长期、初创期制造业企业的激励力度，减少对成熟期企业的政策干预。初创企业常遇到行业未来前景不明、资金紧张、缺乏信贷质押物等难题，因此，要发挥技术创新策略的缓解制造业企业资金获得困难的作用；对于处于发展阶段的行业，应持续增强政府的补贴力度，辅以研发加计扣除政策，

促使企业增加创新数量、提升创新质量，从而提升国家经济增长的素质；对于成熟制造业企业，企业的资金与技术较为稳定，应让市场和企业主动性发挥更大作用，减少不必要的政策介入，恰当提升政府补贴的效果，明确资金的使用范围和目的，促进企业创新成果的快速转化。

2. 强化国有制造业企业在享受政府激励策略过程中的信息透明程度，成立政府补贴退出制度。实证研究揭示，相比民营制造业企业，政府激励对国有制造业企业的双元创新的推动作用不够显著，这可能归因于国有制造业企业因政治联系较为紧密而非创新能力或愿望，更容易享受到政府激励策略，同时，国有制造业企业追求的并不是利润最大化，这也影响了政府激励的效率。因此，建议如下：首先，增强国有制造业企业在享受政府激励策略过程中的信息透明程度。对国有制造业企业获得政府补贴的政策制定、执行过程及其绩效公开，实现对政府资金支持全流程的监督，保障资金专用，避免挤压和挪用，提升政府补贴效率；其次，建立政府补贴退出机制。当政府补贴扭曲市场公平竞争并且未能增强企业的双元创新能力时，应限制获得政府补贴的国有企业的不公平竞争优势，通过适度减少补贴力度，推动企业回归市场竞争，利用市场机制激发企业的创新动力，恢复市场的公平竞争状态。但是，政府不能随意取消政府补贴或要求企业返还已用资金，以免削弱政府补贴的效果以及对企业生产和社会经济发展的影响。对于非国有制造业企业，技术创新激励措施应与市场竞争机制相结合，以进一步鼓励企业进行深层次创新，引导企业走向自主和实质性的创新之路。

3. 增强对非高科技制造行业企业的导向与支持。实证研究指出，相比高新技术制造业企业，政府激励措施对非高新技术制造业企业促进双元创新的效应较为有限。尽管高科技制造业的技术进步是国策重点，但非高科技制造业和传统制造业同样构成了国家经济的基础，也迫切需要在新经济格局下进行改革与提升。因此，本书提出以下建议：第一，对低技术含量的非高科技制造业企业给予有效指导和适度资助，激励他们加大人力资源投入，深入市场研究，并依据各自实际情况积极争取研发项目的机会，借此改良生产流程，提高生产效率或开发新产品，确保能够充分利用政府补贴与税收减免措施。对于那些利用政府补贴和税收减免的企业所取得的创新成果，应进行严格筛选，优化评审标准，以提升创新成果的整体品质。第二，应当显著提高对非高科技制造业研发创新活动的专项支持。鉴于这些企业在技术研发水平上与高科技制造业存在差距，增强对其研发的特别资助能够激励企业朝着更具探索性的创新道路迈进。第三，增强对政府补贴资金使用过程的监督管理。考虑到非高科技制造业在技术层面普遍较弱、产品增值空间有限、生产成本较高、激烈的市场竞争，同时面临全球经济形势的不稳定以及原材料和劳动力成本的增加等问题，这些企业往往只能获得较低的利润率，更有可能将补助资金挪作他用。为此，建议对政府下拨的专项资金实行更为严格的监管，保证补贴资金能够高效、合理地被利用。

4. 统筹区域协调发展，优化对中西部制造业企业创新活动的政府激励政策至关重要。鉴于东部地区的金融环境和市场化程度较高，当地制造业企业的交易成本远低于中西部，因此提出以下建议：第一，优化中西部的市场环境，提高市场的透明度，降低中西部制造业企业在双元创新过程中的研发成本。第二，促进中西部的传统制造业通过双元创新转型升级，并依据当地综合优势，制定发展策略，结合地区特色和科技创新，提升当地制造业企业的双元创新能力。第三，继续鼓励东部地区制造业企业的双元创新发展。由于政府激励在资源丰富的地区能够发挥更大效用，且政策激励成效显著，因此，应持续激励东部地区制造业企业的双元创新活动，并帮助中西部地区扩展其科技创新的版图，建立区域间的长期产业联系，促进区域协同发展，降低科技创新发展的地区差异。通过区域间的合作，中西部地区的制造业企业也将不断学习和借鉴东部制造业企业的先进制造技术。

5. 构建以企业为核心的技术创新体制，核心在于推动创新元素向企业的汇聚，让企业积累充足的创新资源。唯有促进创新要素向企业流动与聚集，企业才能实现技术资源的整合与产品创新，进而增强其核心竞争力。此外，各级政府通过隐性或显性的财政手段对要素聚集进行影响和调控，帮助企业成为研发创新需求主体。一方面，政府通过税收减免、税制调整等措施，指导资本、劳动力、土地等要素向需求技术创新的企业流动。另一方面，地方政府通过增加公共物品的供应和提升公共服务的质量，吸引生产要素向该区域集中，为企业创新资源的积累创造有利条件，以促进企业技术创新能力的增强。

三、完善补贴评审与考核机制，加强政府补贴资金使用监管

在政府与企业间的信息交流存在差异的背景下，当政府的技术评估和监督能力达到特定水平时，政府补贴能向外界投资者释放积极信号。政府的科技评价和审查体系愈完善，对于发挥政府补贴在激发企业创新方面的效能愈有利。因此，政府的资金配置机制的合理化，能更有效地解决市场在资源分配上的低效率问题，避免资源的误配和浪费，从而将政府补贴在推动企业创新活动中的作用最大化。政府机构应当建立科学的资助分配与管理制度，制订明确的规则和流程，确保专款专用，降低滥用职权的风险。为了对政府补贴进行进一步的规范和管理，以提升政府补贴在激发研发投入方面的积极影响，设计合理的绩效评估机制成为必要。在构建评估机制过程中，需明确评估主体、评价标准及评估周期，从多个维度和视角进行综合分析，形成一个包含多个参与方、多重视角的评估体系。关于评价标准，以创新项目为核心，涵盖项目启动、管理和成效等各个阶段，同时考量个体利益与社会价值，构建层次分明的评价标准体系，并对各评价指标进行量化，合理分配各方面的权重，以实现指标的综合评分。在制定政府补贴绩效评估周期时，需要针对各区域的具体情况制订适宜的评估周期，并定期对政府补贴的效果进行评价。在操作层面，首先，应由政府负责对补贴资金的分配过程进行全面监控，涉及企业的申报、政府的审核以及资金的最终下拨，确保整个流程的透明和公正。随后，明确指派责任至特定机构，例如，地方审计机关与企业的内部审计团队、人事和财务部门联合，形成专门的审计小组，专责监控补贴资金的使用情况，实施从资金申请到审批、发放的全程跟踪审核，确保责任分明、职能互补。此外，建立一个公开和透明的审查机制，设立专门的审查团队负责核查研发资助资金的具体使用环节，强制企业公开年度研发支出情况，并明确政府补贴在总投入中的比例，保证该比例处于合适的水平。最后，创立针对制造业企业技术革新的信用评价系统，实行持续的技术创新考核，引入信用评价体系到技术创新激励政策中，记录企业在申请创新补贴方面的行为，对违规使用补贴资金的企业设置一定的“违约成本”，并建立一套针对虚假申报或不当行为的惩罚机制。精准定位资金使用，确保政府补贴资金能发挥最大效用。同时，在制定评价指标时，保障各企业之间

的公正，通过合理的指标体系防止政府的短视行为，以确保那些具有长远研发周期、高风险但潜在高回报项目同样能够获得必要的创新资源，从而更高效地激励企业创新，创造高产能、高质量的创新成果，在我国经济转型过程中，推动创新型国家的建设。

四、企业应当兼顾好探索式创新和利用式创新

企业需平衡好探索式与利用式创新，避免偏重一方。利用式创新有助于企业维护现有市场份额，降低研发风险。然而，在激烈的行业竞争中，过度保守只会使企业逐渐失去市场地位。相反，探索式创新虽在短期内可能不会产生直接经济收益，但对于开辟新市场、创造发展新机会，以及提高未来业绩具有重要意义。根据研究，政府激励策略明显推动了企业的探索式创新，但我国创新的质量仍面临挑战。因此，企业应持续致力于推进探索式创新，这是提升研发效率的关键。未来专注于核心技术的突破，积极探索科技前沿，增强特定领域的创新能力，突破消费端低端锁定的现状，构建“创新驱动发展—消费升级—激活企业潜力”的良性循环模式。因此，对于制造业企业，要深化双元创新思想，推动企业探索式创新，一方面，企业要通过调整投资方向、改善研发资金管理、降低固定成本等方式来调整资产结构；另一方面，企业引入智能管理、精益生产等管理方式，提升创新战略高度，注重创新的可持续性，改善创新管理模式，优化探索式创新的投入模式，避免单一探索式创新或单一利用式创新的弊端，提升组合式双元创新能力。

五、协同内外部科技研发力量，促进多方交流与合作

单一主体创新难以取得较大突破，应增强创新主体的协同性。首先，企业应主动参与高等院校和研究机构之间的合作，并努力在合作中发挥主导作用，以此来提高在关键共性技术领域的创新成效，并建立长期稳定的合作关系，营造良好的合作氛围，增强创新主体间的信任。促进科技创新活动中的协同互补，提高产学研合作的效能，加速将研究成果转化为实际应用，确保高等教育机构和科研机构能够快速掌握企业的创新需求，开展具有实际应用价值的创新项目。其次，企业通过工业互联网、创新联盟等平台广泛寻求产学研创新交流，向外

部研究人员开放一定的内部资源，并强化合作网络的反馈系统。鉴于产学研合作过程中可能出现的地理和时间差异，企业可借助网络技术构建交流平台，加强与大学及科研机构的联系，促进知识与信息的共享和整合。具有高权威层次和高度网络中心性的企业应当利用其结构性的影响力，发挥作为大型企业在研发创新方面的引领作用，主动参与并推动产学研的广泛合作，在关键共性技术研发、创新生态培育等方面积极履行更多的职责。另外，企业在积累丰富创新资源的基础上引领产学研合作时，应更加慎重地挑选合作伙伴，避免因合作范围过大而导致的知识泄漏风险，以及因合作过深而可能出现的知识同质化风险。同时，企业应防止因为合作过度对关键共性技术的创新造成不利影响。

六、加强研发创新环境建设，充分发挥市场作用

有利的创新研发生态能显著降低市场信息的不均衡，改善资源的分配效率。在提升企业创新能力的环节中，虽然政府激励措施发挥着不可或缺的作用，但让市场的自由流动发挥主导作用，确保信息畅通无阻，营造一个公平而透明的市场氛围更为重要。在市场化水平较高的地区，得益于其良好的制度环境，企业可以在没有额外政策支持的情况下大幅度提高研发创新水平。在当前致力于建立服务型政府和激发社会创新能力的背景下，构建一个优越的研发创新生态系统变得尤为迫切。改善研发创新生态可从三个方面着手：第一，政府应持续优化服务环境。政府通过应用“互联网＋”技术，促进政务服务与现代科技的深度融合，加快电子政务的进步以及政务服务平台的一体化进程，确保信息的高效传递和流程的透明度，从而为企业带来更卓越的服务体验。第二，完善并加强法律体系建设。一个健全的法治环境是企业投身技术创新的坚强后盾，尽管我国已出台多项关于技术创新、技术交易、成果转化及知识产权保护的法规，但在普遍适用性和实操性方面仍有待加强。因而，基于对我国企业成长发展的深入考量，借鉴国际上的政策实践，聚焦企业技术创新的需求，将大局策略与细节操作有效融合，形成一套健全的技术创新相关法律与规范体系，旨在补充当前法律制度的短板，提升政府激励策略的实施力度和可信度，为企业的技术进步创造法治环境。第三，优化金融服务环境，解决资金获取难题。从理论分析及实证分析中，研发加计扣除政策和政府补贴能够通过缓解企业融资约束来

提高双元创新效率，有效应对制造业企业融资难的问题。然而，融资约束依然是阻碍制造业企业双元创新活动的主要因素，单靠政府激励策略并不能从根本上解决问题。为此，提升企业创新效能需要从降低融资成本、增加信贷获取机会、优化金融服务体系等多维度入手，为企业开拓更多元的资金来源，降低融资门槛，尽可能减少运营开支，积极破解企业在进行技术创新时遇到的资金困境，持续优化科技创新融资的生态环境，实现我国经济的高质量发展。

第三节　研究不足与展望

1. 在数据使用方面。本书采用 CSMAR 数据库内 2010—2022 年间中国上海证券交易所、深圳证券交易所的 A 股上市制造业企业作为初始样本。虽然样本量已经较大，具有一定的代表性，但是在时效性和规模量上仍有较大的提升空间。

2. 在对策建议方面。对于研发加计扣除政策和政府补贴在实际执行过程中对不同类型企业双元创新促进作用的发挥以及遇到的挑战等问题的了解尚且不够深入具体，因此在后续研究工作中要对以上问题继续深入调查研究，提出更加细化，落地有针对性的对策建议。

3. 在影响机制方面。本书深入研究制造业企业的融资约束、预期收益、产学研合作在政府激励对制造业企业双元创新影响机制中发挥的作用，但仍可进一步细化这些因素的交互作用。

参考文献

［1］王乔．国家创新驱动发展战略的财税支持政策研究［J］．税务研究，2022（06）：143—145.

［2］Mitroshin I A. Promoting websites of scientific libraries［J］. Nauchnye I Tekhnicheskie Biblioteki—Scientific and Technical Libraries, 2022（10）：115—129.

［3］许楠，刘雪琴．支持企业科技创新的财税政策工具及其组合模式研究［J］．经济纵横，2022（08）：119—128.

［4］张杰．中国政府创新政策的混合激励效应研究［J］．经济研究，2021，56（08）：160—173.

［5］梁彤缨，邓倩莹，陈国才．财税政策组合对企业研发投入的影响效应：基于新三板创新层的实证研究［J］．科技管理研究，2023，43（20）：34—45.

［6］刘钻扩，张艺涵，姜昱帆．财税政策对物流企业 GTFP 的影响——基于税式支出与财政补贴的对比分析［J］．财经问题研究，2023（06）：102—115.

［7］Park M. User—oriented information system: focusing on STEM field［J］. The journal of Convergence on Culture Technology, 2020, 6(1): 249—253.

［8］冯明．宏观经济环境变化与财税政策宏观调控体系完善——以保市场主体和促居民消费为稳经济重点方向［J］．税务研究，2023（03）：125—130.

［9］胡慧芳，欧忠辉，唐彤彤．财税政策对企业研发的影响实效——以战略性新兴产业为经验证据［J］．东南学术，2022（05）：141—152.

[10] Duncan R B. The ambidextrous organization: Designing dual structures for innovation[J]. The management of organization, 1976, 1(1): 167—188.

[11] March J G. Exploration and exploitation in organizational learning [J]. Organization science, 1991, 2(1): 71—87.

[12] Danneels, E. The dynamics of product innovation and Firm competence [J]. Strategic Management Journal, 2002, 23(12): 1095—1121.

[13] He Z L, Wong P K. Exploration vs. Exploitation: An Empirical Test of the Ambidexterity Hypothesis [J]. Organization Science, 2004, 15 (4): 481—494.

[14] 杨东，陈朝，杨鹏. 数字化程度、双元创新与企业绩效 [J]. 统计与决策，2023，39 (19)：167—172.

[15] 杨林，徐培栋. 有无相生：数字化背景下“专精特新”单项冠军企业双元创新的前因组态及其效应研究 [J]. 南开管理评论，2024，27 (02)：137—151.

[16] 刘振杰，胡国强. 董事会断裂带与公司双元创新 [J]. 中央财经大学学报，2023 (11)：64—76.

[17] 徐宁，姜楠楠，张晋. 股权激励对中小企业双元创新战略的影响研究 [J]. 科研管理，2019，40 (07)：163—172.

[18] 肖翔，李珍珠，代庆会. 董事网络中心度与企业双元创新——两类代理成本的中介与遮掩效应 [J]. 商业研究，2023 (04)：131—142.

[19] 赵春芬，刘杉. 数字普惠金融、企业 ESG 表现与双元创新 [J]. 科技和产业，2024，24 (18)：147—155.

[20] 毕晓方，翟淑萍，姜宝强. 政府补贴、财务冗余对高新技术企业双元创新的影响 [J]. 会计研究，2017 (01)：46—52+95.

[21] 谭曼庆. CEO 强自信与企业双元创新 [J]. 管理评论，2023，35 (06)：134—145.

[22] 王象路，罗瑾琏，张超. 创新架构模块化对科创企业双元创新协同性的影响研究 [J]. 外国经济与管理，2023，45 (11)：35—48.

[23] 冯文娜，陈晗. 二元式创新对高技术企业组织韧性的影响——知识范围与

知识平衡的调节作用 [J]. 科学学与科学技术管理，2022，43（04）：117—135.

[24] Soetanto D, Jack S L. Slack resources, exploratory and exploitative innovation and the performance of smatechnologybased firms at incubators[J]. The Journal of Technology Transfer,2018,43(5):1213—1231.

[25] 张川，刘杰. 供应商企业的双元创新对第一大客户依赖的影响 [J]. 财务研究，2023（01）：71—84.

[26] 奚雷，彭灿，李德强. 柔性人力资源管理对企业双元创新的影响：环境竞争性的调节作用 [J]. 科技管理研究，2023，43（01）：102—109.

[27] 张完定，崔承杰. 税收优惠对企业双元创新绩效的影响——基于上市高新技术企业的实证研究 [J]. 西安财经大学学报，2023，36（05）：57—68.

[28] 梁宗正，张煜，史冬梅. 校企战略科技合作、产业双元创新和行业高质量发展——基于我国信息技术行业的分析 [J]. 河南大学学报（社会科学版），2023，63（05）：40—48+153.

[29] 温忠麟，叶宝娟. 中介效应分析：方法和模型发展 [J]. 心理科学进展，2014，22（5）：731—745.

[30] 何涌，武姗姗. 金融科技与制造企业双元创新——整体影响、机制识别及效应差异研究 [J]. 哈尔滨商业大学学报（社会科学版），2023（04）：30—45.

[31] 张敏，童丽静，许浩然. 社会网络与企业风险承担——基于我国上市公司的经验证据 [J]. 管理世界，2015（11）：161—175.

[32] Bruce E Hansen. Threshold Effects in Non—dynamic Panels:Estimation, Testing and Inference[J].Journal oi Econometrics.1999,93(2).

[33] 王搏. 制造业企业双元创新与创新绩效：基于知识转化能力与协调柔性的作用 [J]. 工程管理科技前沿，2023，42（03）：53—59.

[34] 毛荐其，牛文祥，刘娜等. 企业数字化转型对双元创新持续性的影响研究 [J]. 科学决策，2023（04）：1—14.

[35] 王钰，胡海青. 知识产权保护对双元创新的影响研究——制度环境的调节效应 [J]. 软科学，2024，38（01）：75—82.

［36］程松松，刘鸿宇．绩效落差下的企业网络战略与双元创新协同性关系研究［J］．科技管理研究，2023，43（07）：10—19.
［37］闫佳祺，罗瑾琏，钟竞等．军民融合企业双元创新的实现模式——一项双案例研究［J］．管理评论，2023，35（02）：340—352.
［38］董瑶，张樨樨，易涛．数字化转型、合作伙伴动态性与企业双元创新［J］．山西财经大学学报，2023，45（02）：102—115.
［39］方鑫，董静．管理层能力对创业企业双元创新战略的影响研究［J］．外国经济与管理，2022，44（11）：77—92.
［40］Demerjian P, Lev B, McVay S. Quantifying managerial ability: A new measure and validity tests［J］. Management Science, 2012, 58（7）: 1229—1248.
［41］吴建祖，华欣意．企业双元创新驱动机制——基于高新技术企业的定性比较分析［J］．科技管理研究，2021，41（08）：1—10.
［42］李美玲，张立杰，张壮壮．政府激励政策对企业双元创新的影响［J］．企业经济，2022，41（07）：23—32.
［43］靳卫东，任西振，何丽．研发费用加计扣除政策的创新激励效应［J］．上海财经大学学报，2022，24（02）：108—121.
［44］刘行，赵健宇．税收激励与企业创新——基于增值税转型改革的"准自然实验"［J］．会计研究，2019（9）：43—49.
［45］杨国超，芮萌．高新技术企业税收减免政策的激励效应与迎合效应［J］．经济研究，2020，55（09）：174—191.
［46］王婉婷，刘申雅．研发费用加计扣除政策何以更有效？——基于数字化转型与R&D归类操纵的证据［J］．经济问题，2023（11）：122—129.
［47］彭华涛，吴瑶．研发费用加计扣除、融资约束与创业企业研发投入强度：基于中国新能源行业的研究［J］．科技进步与对策，2021，38（15）：100—108.
［48］王晓亮，梁丹阳．减税降费与制造业企业"脱实向虚"——基于研发费用加计扣除政策的准自然实验［J］．产经评论，2022，13（05）：88—105.
［49］郑礼明，李明，李德刚．创新导向减税与就业结构升级——基于研发费用

加计扣除的检验 [J]. 学术月刊，2021，53 (06)：87—98.

[50] 姜玲，张小宁. R&D税收优惠政策对企业研发投入的作用效力评估——基于中国省际面板数据的实证分析 [J]. 财会研究，2019 (05)：19—24.

[51] 唐明，旷文雯. 研发费用加计扣除是否激励了企业创新产出——基于研发投入中介效应的分析 [J]. 税收经济研究，2021，26 (01)：23—33.

[52] 李汉江，赖智超. 高新技术企业加计扣除政策研究——以华润三九为例 [J]. 财会月刊，2019，(S1)：21—28.

[53] 贺康，王运陈，张立光等. 税收优惠、创新产出与创新效率——基于研发费用加计扣除政策的实证检验 [J]. 华东经济管理，2020，34 (01)：37—48.

[54] 姬中洋，李彦龙. 非研发创新与高技术产业创新绩效 [J]. 经济经纬，2019，36 (04)：94—101.

[55] 岳树民，肖春明. 研发费用加计扣除与中小企业发展能力——基于新三板的实证检验 [J]. 国际税收，2022 (06)：10—24.

[56] 吴秋生，李官辉. 加计扣除强化、成本控制与企业创新投入增长 [J]. 山西财经大学学报，2022，44 (03)：114—126.

[57] 杨瑞平，李喆赟，刘文蓉. 加计扣除政策改革与高新技术企业研发投入 [J]. 经济问题，2021 (08)：110—120.

[58] 梁富山. 加计扣除税收优惠对企业研发投入的异质性效应研究 [J]. 税务研究，2021 (03)：134—143.

[59] 柳卸林，朱浪梅，杨博旭. 政府研发激励有利于提升区域创新效率？[J]. 科研管理，2021，42 (07)：50—59.

[60] 李维安，李浩波，李慧聪. 创新激励还是税盾？—高新技术企业税收优惠研究 [J]. 科研管理，2016，37 (11)：61—70.

[61] 韩凤芹，陈亚平. 选择性税收激励、迎合式研发投入与研发绩效 [J]. 科学学研究，2020，38 (09)：1621—1629.

[62] Thomson R. Tax Policy and R&D Investment by Australian Firms[J]. Economic Record, 2010, 86(273): 260—280.

[63] 郑烨，刘遥. 政策引导对中小企业创新绩效的影响机理研究 [J]. 科研管

理，2021，42（04）：73—81.

［64］冯海红，曲婉，李铭禄．税收优惠政策有利于企业加大研发投入吗？［J］．科学学研究，2015，33（05）：665—673.

［65］冯泽，陈凯华，戴小勇．研发费用加计扣除是否提升了企业创新能力？——创新链全视角［J］．科研管理，2019，40（10）：73—86.

［66］李源，王阳，罗浩泉等．研发费用加计扣除政策改革促进了民营企业创新吗——基于2018年政策调整的实证研究［J］．南方经济，2022（07）：87—102.

［67］李宜航，许英杰，郭晓等．研发费用加计扣除政策对制造业企业研发投入的影响分析［J］．税务研究，2022（04）：121—129.

［68］达潭枫，刘德宇．研发费用加计扣除政策与企业价值——基于A股制造业上市公司的经验分析［J］．财政科学，2023（01）：136—153.

［69］徐智，郑婷婷，王虹等．政策激励、盈余管理与企业创新质量［J］．软科学，2023，37（10）：39—46.

［70］胡俊南，王振涛，陈一卓．研发费加计扣除政策对企业创新能力促进作用的分析——基于江西省的问卷调查［J］．财会通讯，2022（06）：88—96.

［71］戴天仕，赵琦．创新激励政策与企业技能需求——来自研发费用加计扣除政策的证据［J］．财政研究，2022（03）：92—112.

［72］李新，汤恒运，陶东杰等．研发费用加计扣除政策对企业研发投入的影响研究——来自中国上市公司的证据［J］．宏观经济研究，2019（08）：81—93＋169.

［73］张凯，吴松彬．企业异质性与加计扣除政策研发激励：来自中国高新技术企业的实证［J］．科技进步与对策，2018，35（17）：119—124.

［74］崔也光，王京．基于我国三大经济区的所得税研发费用加计扣除政策实施效果研究［J］．税务研究，2020（02）：92—98.

［75］梁双陆，白云翠．研发费用加计扣除政策对企业异质性创新的影响研究［J］．产经评论，2023，14（05）：82—99.

［76］Hamberg D. R&D: Essays on the economics of research and development. New York: Random House, 1966.

[77] Dirk C, Hussinger K. The Link Between R&D Subsidies, R&D Spending and Technological Performance [J]. Social Science Electronic Publishing, 2004:4—56.

[78] Berube, Mohnen. Are firms that receive R&D subsi—dies more innovative? [J]. Canadian Journal of Economics, 2009(42):207—223.

[79] 郭景先，胡红霞，李恒．政府补贴与企业研发投资——科技金融生态环境的调节作用 [J]．技术经济，2019，38（07）：29—37+118.

[80] 娄琬婷，龚丽敏，张一驰．政府补贴对创业企业的创新绩效影响研究 [J]．科学学研究，2024，42（08）：1760—1770.

[81] 石俊国，陆子群，陈彬．政府补助、市场势力与企业创新 [J]．软科学，2019，33（11）：53—58.

[82] 曹淑媛，孙文琦，侯红航．政府补助对企业创新能力的影响——基于不同板块上市公司的对比研究 [J]．价值工程，2019，38（13）：25—27.

[83] 郑素丽，卞秀坤，诸葛凯等．基于知识整合的专利组合与企业创新绩效关系研究 [J]．情报杂志，2019，38（12）：191—199.

[84] 张红娟，申宇，赵晓阳等．企业外部研发合作、内部知识网络与创新绩效 [J]．科学学研究，2022，40（04）：704—712.

[85] 王欢．政府补贴对企业净研发投入的影响及其异质性 [J]．工业技术经济，2023，42（11）：88—96.

[86] Lichtenberg, Frank R. The effect of government funding on private industrial research and development: A Reassessmen [J]. The Journal of Industrial Economics, 1987, 36(1):97—104.

[87] 熊凯军．政府研发补贴、非研发补贴对企业创新产出的影响 [J]．东北大学学报（社会科学版），2023，25（06）：26—35.

[88] 李晓翔，张树含．无形资源空间对中小企业双元创新的影响研究——政府补助的调节作用 [J]．安徽大学学报（哲学社会科学版），2023，47（01）：133—143.

[89] 安同良，千慧雄．中国企业 R&D 补贴策略：补贴阈限、最优规模与模式选择 [J]．经济研究，2021，56（01）：122—137.

[90] 张韬. 政府与企业关系的理论剖析及其革命性重塑 [J]. 社会科学, 2023, (08): 116—126.

[91] Wallsten S J. The effects of government—industry R&D programs on private R&D: the case of the Small Business Innovation Research program [J]. The RAND Journal of Economics, 2000: 82—100.

[92] Czarnitzki D, Ebersberger B. Do Direct R&D Subsidies Lead to the Monopolization of R&D in the Economy? [J]. Social Science Electronic Publishing, 2010.

[93] 肖兴志，李少林. 大变局下的产业链韧性：生成逻辑、实践关切与政策取向 [J]. 改革，2022 (11)：1—14.

[94] 黎文靖，彭远怀，谭有超. 知识产权司法保护与企业创新——兼论中国企业创新结构的变迁 [J]. 经济研究，2021，56 (05)：144—161.

[95] 刘婧，罗福凯，王京. 环境不确定性与企业创新投入——政府补助与产融结合的调节作用 [J]. 经济管理，2019，41 (08)：21—39.

[96] 应千伟，何思怡. 政府研发补贴下的企业创新策略："滥竽充数"还是"精益求精" [J]. 南开管理评论，2022，25 (02)：57—69.

[97] 吴武清，赵越，田雅婧等. 研发补助的"挤入效应"与"挤出效应"并存吗？——基于重构研发投入数据的分位数回归分析 [J]. 会计研究，2020 (08)：18—37.

[98] 李江，吴玉鸣. 政府补助与制造业企业创新：基于"量"与"质"的视角 [J]. 现代经济探讨，2023 (04)：88—98.

[99] 林春培，朱晓艳，曾志盛等. 双重制度视角下政府补贴对企业研发投入影响悖论的新解与验证 [J]. 管理工程学报，2024，38 (03)：108—121.

[100] Acemoglu D, Restrepo P. Robots and Jobs: Evidence from US Labor Markets [J]. Journal of Political Economy, 2020, 128(6): 2188—2244.

[101] 何雨霖，陈宪. 外部环境、政府补贴与高科技企业创新——来自 A 股高科技上市公司的经验证据 [J]. 上海金融，2023 (07)：57—68.

[102] 严思屏，郭以恒，于艺楠. 政府研发补贴对高技术产业创新产出的影响研究 [J]. 亚太经济，2023 (04)：120—129.

[103] 叶红雨，徐雪莲．政府补贴对高新技术上市公司创新绩效的门槛效应实证研究 [J]．技术与创新管理，2018，39 (01)：92—96.
[104] 崔兆财，张志新，李成．政府资助与企业创新：缓解匮缺还是滋长惰性? [J]．科研管理，2023，44 (05)：140—148.
[105] 李菁菁，张士强，王一粟．政府创新补贴对新能源企业创新驱动的影响——基于创新环境的调节作用 [J]．济南大学学报（社会科学版)，2023，33 (03)：102—115+179.
[106] 李传宪，彭惠娟．政府补贴对企业双元创新绩效影响研究——基于重庆地区上市公司经验数据 [J]．财会通讯，2019 (24)：85—89.
[107] 李传宪，黄丽．政府补贴对新能源上市公司双元创新投入影响研究 [J]．中国科技论坛，2019 (03)：11—18.
[108] Bernini C, Pellegrini G. How are growth and productivity in private firms affected by public subsidy? Evidence from a regional policy [J]. Regional Science and Urban Economics, 2011, 41(3): 253—265.
[109] 李佳霖，董嘉昌．地方政府注意力配置对企业创新活动的影响研究 [J]．科研管理，2023，44 (09)：47—59.
[110] 冯燕妮，沈沛龙．山西高新技术产业开发区科技金融创新研究 [J]．经济问题，2019 (01)：75—83.
[111] 孙文凯，何薇，王文靖．政府补助与中小企业创新绩效 [J]．经济学报，2024，11 (01)：295—318.
[112] 赵力，孟延春．政府数字化转型补贴的创新效应及其区域差异——来自A股上市公司的经验证据 [J]．城市问题，2023 (09)：74—83.
[113] 段铸，程颖慧．政府创新补贴与战略性新兴企业技术创新——理论逻辑与实践路径 [J]．技术经济与管理研究，2023 (06)：19—24.
[114] 苏蕊芯，陈艾薇．政府补助、研发投入与创新绩效 [J]．统计与决策，2023，39 (12)：183—188.
[115] 王俊懿，赵凯．产品市场竞争、政府补贴与企业创新 [J]．统计与决策，2023，39 (11)：174—177.
[116] 张杰飞，马永军．乔彬．政府补贴、营商环境与企业创新 [J]．投资研

究，2023，42（04）：96—111.

［117］杨欢，李香菊. 政府创新补贴对企业创新效率的影响效应及机制识别研究［J］. 管理学报，2023，20（04）：558—567.

［118］Park S. Evaluating the Efficiency and Productivity Change within Government Subsidy Recipients of a National Technology Innovation Research and Development Program［J］. R&D Management, 2015, 45（5）: 549—568.

［119］赵丽君. 政府补贴与企业全要素生产率——来自中国装备制造业的实证研究［J］. 商场现代化，2016（29）：248—249.

［120］崔百胜，朱麟. 政府资助能有效激励创新吗？——基于创新系统视角下DSGE模型的分析［J］. 管理评论，2019，31（11）：80—93.

［121］王钊，王良虎. 税收优惠政策对高技术产业创新效率的影响——基于断点回归分析［J］. 科技进步与对策，2019，36（11）：109—116.

［122］卢馨，何小华，戴歆婷等. 金融发展、政府补贴与企业研发投入——来自战略性新兴产业上市公司的经验证据［J］. 首都经济贸易大学学报，2018，20（01）：49—58.

［123］姜启波，谭清美. 政府创新补贴影响企业创新的非动态门槛效应研究——基于创业板上市公司融资约束视角［J］. 经济经纬，2020，37（06）：97—105.

［124］Tassey G. Choosing government R&D policies: tax incentives vs. direct funding［J］. Review of industrial organization, 1996, 11(5): 579—600.

［125］寇明婷，魏建武，马伟楠. 国家研发财税政策是否促进了企业的R&D活动［J］. 科学学研究，2019，37（08）：1394—1404.

［126］孙自愿，周翼强，章砚. 竞争还是普惠？——政府激励政策选择与企业创新迎合倾向政策约束［J］. 会计研究，2021（07）：99—112.

［127］宋玉禄，陈欣. 激励还是抑制：政策环境与研发投入——基于股权结构视角［J］. 科技管理研究，2018，38（24）：134—143.

［128］曹越，赵书博，王琼琼. 专利盒制度对企业创新的激励效应研究［J］. 财政研究，2019（04）：117—129.

[129] 刘蓉，余英杰，陈凌庆. 组合式税费支持政策的理论演进与组合效能研究 [J]. 财政研究，2023（10）：16—30.

[130] 马伟红. 税收激励与政府资助对企业 R&D 投入影响的实证研究——基于上市高新技术企业的面板数据 [J]. 科技进步与对策，2011，28（17）：111—114.

[131] Kamien M I, Schwartz N L. Self—Financing of an R&D Project[J]. American Economic Review, 1978, 68(3): 252—261.

[132] March J G. Exploration and exploitation in organizationnal learning[J]. Organization Science, 1991, 2(1): 71—87.

[133] Benner M J, Tushman M L. Exploitation, exploitation, and process management: The productivity dileman revisited[J]. Academy of Management Review, 2003, 28(2): 238—256.

[134] Kim J Y, Finkelstein S, Haleblian J. All aspirations are not created equal: The differential effects of historical and social aspirations on acquisition behavior [J]. Academy of Management Journal, 2015, 58 (5): 1361—1388.

[135] Auh S, Menguc B. Balancing exploration and exploitation: The moderating role of competitive intensity[J]. Journal of Business Research, 2005, 58(12): 1652—1661.

[136] Cao Q, Gedajlovic E, Zhang H. Unpacking organizational ambidexterity: Dimensions, contingencies, and synergistic effects[J]. Organization Science, 2009, 20(4): 781—796.

[137] Kiss A N, Magee F L, Libaers D, et al. Ceo cognitive flexibility, information search, and organizational ambidexterity[J]. Strategic Management Journal, 2020, 41(12): 2200—2233.

[138] 余菲菲，钱超. 政府科技补助对企业创新投入的门槛效应——基于科技型中小企业的经验研究 [J]. 科研管理，2017，38（10）：40—47.

[139] 蔡晓陈，陈静宇. 数字经济产业政策提高了企业全要素生产率吗？——基于研发投入与融资约束视角 [J]. 产业经济研究，2023（03）：

16—30.

[140] 高广波，夏智灵. 中日中小企业所得税优惠政策比较研究 [J]. 税务研究，2023 (12)：87—94.

[141] Fogarty J J, Simon S. Exploration externalities and government subsidies: The return to government[J]. Resources Policy, 2016, 47: 78—86.

[142] 李玲，陶厚永. 纵容之手、引导之手与企业自主创新——基于股权性质分组的经验证据 [J]. 南开管理评论，2013，16 (03)：69—79+88.

[143] 刘志彪. 产业政策转型与专精特新中小企业成长环境优化 [J]. 人民论坛，2022，(03)：40—43.

[144] 李新安. 环境规制、政府补贴与区域绿色技术创新 [J]. 经济经纬，2021，38 (03)：14—23.

[145] Raisch S, Birkinshaw J, Michael L, et al. Organizational ambidexterity: balancing exploitation and exploration for sustained performance[J]. Organization Science, 2009, 20(4): 685—695.

[146] Duncun R B. The Ambidextrous Organization: Designing Dual Structures for Innovation[J]. The Management of Organization, 1976, 1(1): 167—188.

[147] March J G. Exploration and Exploitation in Organizational Learning[J]. Organization Science, 1991, 2(1): 71—87.

[148] Benner M J, Tushman M L. Exploitation, exploration, and process management: The productivity dilemma revisited[J]. Academy of Management Review, 2003, 28(2): 238—256.

[149] Popadic M, č erne M. Exploratory and exploitative innovation: the moderating role of partner geographic diversity[J]. Economic Research—Ekonomska Istrazivanja, 2016, 29(1): 1165—1181.

[150] Martin S L, Javalgi R G, Cavusgil E. Marketing capabilities, positional advantage, and performance of born global firms: contingent effect of ambidextrous innovation[J]. International Business Review, 2017, 26(3): 527—543.

[151] Cao Q, Gedajlovic E, Zhang HP. Unpacking Organizational Ambidexterity: Dimensions, Contingencies, and Synergistic Effects[J]. Organization Science, 2009, 20(4): 781—796.

[152] Koryak O, Lockett A, Hayton J, et al. Disentangling the Antecedents of Ambidexterity: Exploration and Exploitation[J]. Research Policy, 2018, 47(2): 413—427.

[153] Ceptureanu S I, Ceptureanu E G, Cerqueti R. Innovation ambidexterity and impact on the performance in IT companies: the moderating role of business experience [J]. Technology Analysis And Strategic Management, 2022, 34(7): 746—759.

[154] 黄伟. 试析政策工具研究的发展阶段及主题领域 [J]. 国家教育行政学院学报，2008 (09)：24—30.

[155] 黄红华. 政策工具理论的兴起及其在中国的发展 [J]. 社会科学，2010 (04)：13—19+187.

[156] 陈振明. 国家治理转型的逻辑：公共管理前沿探索 [M]. 厦门：厦门大学出版社，2016.

[157] 高凯，刘婷婷. 科创政策对制造业企业创新的影响路径研究 [J]. 科学决策，2022 (03)：71—88.

[158] 聂国良，张成福. 中国环境治理改革与创新 [J]. 公共管理与政策评论，2020，9 (01)：44—54.

[159] Spence A M. Time and Communication in Economic and Social Interaction[J]. Quarterly Journal of Economics, 1973, 87(4): 651—660.

[160] 李颖，赵文红，薛朝阳. 创业导向、社会网络与知识资源获取的关系研究——基于信号理论视角 [J]. 科学学与科学技术管理，2018，39 (02)：130—141.

[161] Montmartin B, Herrera M. Internal and external effects of R&D subsidies and fiscal incentives: Empirical evidence using spatial dynamic panel models[J]. Research Policy. 2015, 44(5): 1065—1079.

[162] 伍健，田志龙，龙晓枫等. 战略性新兴产业中政府补贴对企业创新的影

响［J］. 科学学研究，2018，36（01）：158—166.

［163］Etzkowitz H, Leydesdorff L. The Triple Helix of University—Industry—Government Relations: A Laboratory for Knowledge—Based Economic Development［J］. Glycoconjugate Journal, 1995, 14(1): 14—19.

［164］向海燕，刘欣欣. 税收优惠、地方政府治理与科技型中小企业研发投入［J］. 地方财政研究，2023（01）：91—102.

［165］柳学信，张宇霖. 政府政策偏向、层级冲突与企业创新投入［J］. 中国科技论坛，2020（10）：56—65.

［166］武辉，朱玉坤. 地方政府债务治理与企业劳动收入份额提升——基于新《预算法》实施的准自然实验［J］. 南方经济，2024（02）：1—20.

［167］郭庆旺. 减税降费的潜在财政影响与风险防范［J］. 管理世界，2019，35（06）：1—10＋194.

［168］陈伟泽，刘哲希，郭俊杰. 遏制“脱实向虚”的稳杠杆效应：机制分析与效果评估［J］. 管理世界，2023，39（12）：54—72.

［169］余芬，樊霞，张巧玲. 政府补贴促进还是抑制企业创新持续性——基于异质性创新动机视角［J］. 中国科技论坛，2021，（05）：67—78＋89.

［170］王燕武，莫长炜. 政务诚信与企业创新质量［J］. 当代财经，2024，（04）：17—29.

［171］谢雨欣，莫松怡，孙一等. 欧美亚区域实验室运行机制比较研究［J］. 武汉理工大学学报（社会科学版），2023，36（05）：36—48.

［172］李小奕，廖东声. 税收优惠、供给侧改革与企业升级［J］. 会计之友，2020，（15）：48—54.

［173］薛菁，林莉. 新一轮减税降费影响制造业企业高质量发展路径探析［J］. 哈尔滨商业大学学报（社会科学版），2021，（05）：121—128.

［174］张宸瑞. 基于政府与市场关系的辩证视角看我国政策性金融存在的依据——兼对新古典主义“市场失灵”论的批判［J］. 当代经济研究，2023，329（01）：71—83.

［175］刘永丽，程晨，贾涵涵. 高管团队重组、内部控制质量与双元创新［J］. 会计研究，2022（03）：93—106.

[176] 张华，醴静，和亚利. 财税政策对企业创新的激励机制及政策效应：一个综述［J］. 财会通讯，2023（04）：24—30.

[177] 宋玉洁，乔翠霞. 中国制造业 OFDI 的国内价值链质量效应：兼论效率与稳定性［J］. 世界经济研究，2022（05）：60—79＋136.

[178] 彭娟. 民营企业的创新方式及其绩效表现——基于 fsQCA 的组态效应研究［J］. 广西大学学报（哲学社会科学版），2022，44（05）：112—121.

[179] 毛晖，刘思敏，甘军. 财政支出竞争推进了地方高质量发展吗?［J］. 地方财政研究，2021，（10）：92—102＋112.

[180] 贺炎林，张杨，尹志超. 如何提高政府补贴和税收优惠促进技术创新的有效性——来自中国 A 股上市公司的证据［J］. 技术经济，2022，41（09）：10—23.

[181] 任海云，张颖培，刘曾连. 浅析加计扣除政策对研发投入的影响机制及对策建议——以陕西省规模以上工业上市公司为例［J］. 西部财会，2021（07）：10—13.

[182] 林志帆，刘诗源. 税收激励如何影响企业创新?——来自固定资产加速折旧政策的经验证据［J］. 统计研究，2022，39（01）：91—105.

[183] 钱滔，詹御涛，潘士远. 研发费用加计扣除对创新方向的影响——来自中国制造业上市企业的证据［J］. 浙江大学学报（人文社会科学版），2023，53（12）：131—150.

[184] 陈珍珍，何宇，徐长生. 高新技术企业认定对研发投入的政策效应研究——来自 A 股上市公司的经验证据［J］. 中国科技论坛，2019（07）：1—10.

[185] 阳镇，陈劲，凌鸿程. 经历越多必然创新吗?——私营企业家职业经历多样性、政策感知与企业创新［J］. 管理工程学报，2022，36（06）：30—45.

[186] 黄钟仪，邓翔，许亚楠等. 激励与监督——高新技术企业与非高新技术企业创新治理机制组合的 QCA 分析［J］. 南开管理评论，2023，26（05）：147—158.

[187] 李婧，李杨. 新时代制造业利用外资高质量发展的成就与路径［J］. 新

视野，2023，(02)：79—86.

[188] 宋培，白雪洁，李琳．数字化赋能、要素替代与产业结构转型［J］．山西财经大学学报，2023，45（01）：69—84.

[189] 陆天慧．政府与社会资本合作（PPP）及其审计研究：回顾与展望［J］．审计研究，2022，(04)：41—51.

[190] Demir B, Javorcik B, Michalski T K, Ors E. Financial Constraints and Propagation of Shock in Production Networks [J]. Review of Economics and Statistics, 2024, 106(02): 437—454.

[191] 陈龙．纳税筹划、管理层股权激励与企业价值［J］．财会通讯，2023 (04)：54—58.

[192] 李强，纪佳君，曾勇．R&D 投资、一般性资本支出与股票收益：增长期权的视角［J］．管理工程学报，2018，32（01）：196—203.

[193] 熊彼特．经济发展理论［M］．北京：商务印书馆，1990.

[194] 徐鸣．监管限度内中国监管绩效评价体系的构建研究［J］．当代经济管理，2019，41（07）：18—23.

[195] 李准，李强，曾勇．增长期权的执行、创造与资产风险溢价——企业生命周期的视角［J］．中国管理科学，2018，26（10）：1—9.

[196] 孙莹，顾晓敏．税收激励与企业创新：述评与展望［J］．会计与经济研究，2020，34（03）：114—128.

[197] George G, Zahra S A, Wood D. The effects of business—university alliances on innovative output and financial performance: a study of publicly traded biotechnology companies[J]. Journal of Business Venturing, 2002, 17(6): 577—609.

[198] 吴中超．“双链融合”应用型大学的产学研协同创新运行机制分析［J］．宏观经济管理，2020，(04)：44—50.

[199] 张羽飞，原长弘．产学研深度融合突破关键核心技术的演进研究［J］．科学学研究，2022，40（05）：852—862.

[200] 董睿，张海涛．产学研协同创新模式演进中知识转移机制设计［J］．软科学，2018，32（11）：6—10.